Stefania Maria Giulia Di Benedetto

Giulia Gonzaga
la contessa di Fondi

tra amori, intrighi e rivalità

Testo Teatrale

"Il mondo intero è un palcoscenico,
E tutti gli uomini e le donne semplicemente attori;
Hanno le loro uscite di scena e le loro entrate in scena;
Ed un uomo durante la sua esistenza recita molte parti,
La sua vita è composta da 7 atti".

(William Shakespeare
da "Come vi Piace" atto II scena VII)

Lapide ricordo a Giulia Gonzaga fatta realizzare da Bruto Amante
in località Montevago a Fondi all'inizio del '900.

Indice

ATTO SECONDO

Biografie

Particolare del dipinto "Annunciazione" di Cristoforo Scacco 1491: il Palazzo
e il Castello Caetani dove visse la contessa Giulia Gonzaga Colonna.
(Duomo di San Pietro Ap. – Fondi).

Prefazione

Con soddisfazione pubblichiamo un'opera teatrale di significativo valore storico, dedicata a una figura tanto affascinante quanto determinante per la nostra amata Fondi: Giulia Gonzaga Colonna, contessa di Fondi e duchessa di Traietto. Questo testo speciale è il risultato del profondo impegno e della passione dell'autrice Stefania Maria Giulia Di Benedetto, una scrupolosa ricercatrice storica.

L'avvocato Stefania Di Benedetto contribuisce a dare consistenza al mondo della ricerca storica, con centinaia di testi e immagini pubblicate attraverso la sua pagina Facebook, di cui è l'instancabile amministratrice: Misteri Pontini fin sui monti Aurunci, Ausoni e Lepini @misteripontini. Oltre alla sua dedizione all'approfondimento storico e alla professione di avvocato, fa parte del direttivo dell'Associazione Pro Loco Fondi Aps, dove ricopre il ruolo di segretario e direttrice.

Questo lavoro teatrale è una celebrazione della realtà culturale e storica che caratterizza la nostra meravigliosa Fondi; incarna lo spirito di impegno e devozione che la Pro Loco Fondi promuove instancabilmente da oltre quarantacinque anni. La figura di Giulia Gonzaga Colonna viene portata alla ribalta grazie a una trama avvincente e ricca di dettagli accuratamente documentati.

Il periodo storico in cui visse la contessa Giulia Gonzaga Colonna, dal 1513 al 1566, fu un'epoca cruciale per l'Italia e l'Europa nel complesso. Questo periodo è noto come Rinascimento, un'era caratterizzata da importanti sviluppi sociali, politici, culturali ed economici.

Contesto Sociale: Il Rinascimento fu un periodo di grande fervore culturale e intellettuale, con una crescente attenzione verso il mondo classico dell'antica Grecia e Roma. Il ruolo delle donne nella società stava subendo cambiamenti significativi. Sebbene le donne fossero ancora sottoposte a diverse limitazioni sociali e culturali, alcune di esse, come Giulia Gonzaga Colonna, riuscirono a emergere come figure influenti e promotrici delle arti. Le corti nobiliari erano importanti centri di cultura, dove letteratura, poesia, musica e arte erano ampiamente apprezzate e promosse.

Contesto Politico: L'Italia del XVI secolo era divisa in diverse città-stato e principati, ognuno governato da una famiglia nobile o da un condottiero. Il potere politico era spesso frammentato e il territorio italiano era teatro di continue lotte per il controllo politico ed economico. Nel contesto più ampio dell'Europa, le grandi potenze come la Spagna, la Francia e l'Impero ottomano avevano interessi nella penisola italiana, portando a conflitti e alleanze mutevoli.

Contesto Culturale: Il Rinascimento fu un'era di straordinaria crescita culturale e artistica. La riscoperta delle opere classiche dell'antichità e l'umanesimo portarono a un maggiore interesse per la conoscenza e lo sviluppo delle arti liberali. Artisti e intellettuali, come Leonardo da Vinci, Michelangelo, Raffaello, Niccolò Machiavelli, Dante Alighieri e molti altri, emersero durante questo periodo, lasciando un'eredità duratura nella storia dell'arte, della letteratura e della filosofia.

Contesto Economico: L'economia dell'Italia rinascimentale si basava principalmente sul commercio e sull'agricoltura. Le città-stato, come Firenze, Venezia e Milano, erano importanti centri di commercio, facilitato dalla posizione geografica favorevole e dalle rotte commerciali che attraversavano l'Europa. La prosperità economica di alcune città portò a un maggiore mecenatismo, con i nobili e le famiglie ricche che sostenevano gli artisti e gli intellettuali dell'epoca.

In questo contesto storico, Giulia Gonzaga Colonna ebbe un ruolo significativo nelle arti e era figura influente nelle corti in cui visse. La sua presenza e il suo sostegno hanno probabilmente avuto un impatto sulla promozione della cultura rinascimentale e sulla produzione.

Quest'anno ricorrono i 510 anni dalla nascita di Giulia Gonzaga e a tal proposito come non ricordare l'importante evento celebrato a Fondi il 13 aprile 2013? Le Pro Loco delle città di Fondi e Sabbioneta organizzarono un incontro nel segno di Giulia Gonzaga, figlia di Ludovico, sposa di Vespasiano Colonna, Conte di Fondi e Duca di Traetto nel Palazzo e nei luoghi ove lei visse.

Insieme ai rispettivi Comuni, per sigillare un rapporto di amicizia delle cittadine che conobbero Giulia Gonzaga, le due Pro Loco, furono promotrici dell'iniziativa e dell'amicizia tra le due località.

Siamo grati all'avvocato Di Benedetto, per il riconosciuto contributo donato alla nostra comunità e siamo certi che questo testo saprà ispirare e appassionare i lettori, conducendoli in un viaggio affascinante nel passato glorioso di Fondi e delle sue illustri personalità.

Un sentito ringraziamento a tutti coloro che hanno sostenuto e reso possibile la realizzazione di questa straordinaria opera, in un'ottica di promozione culturale e di conservazione delle nostre radici storiche. La Pro Loco Fondi si impegna a continuare sulla strada della valorizzazione del nostro patrimonio, offrendo al pubblico un'occasione unica di scoprire e riscoprire le bellezze nascoste della nostra storia locale.

Gaetano Orticelli
Presidente Associazione Pro Loco Fondi Aps

Palazzo Caetani a Fondi. Corte interna, loggiato.

Introduzione

Giulia Gonzaga Colonna contessa di Fondi e duchessa di Traietto fu donna bella, colta e potente che grazie alla scelta della vedovanza a vita visse in maniera indipendente, libera, avventurosa e quasi moderna la propria esistenza.

Nacque nel 1513 a Gazzuolo, presso Mantova, da una importante famiglia del Rinascimento Italiano e venne data in sposa da giovanissima a un uomo potente per motivi politici. Rimasta presto vedova e senza figli condusse il resto della vita in modo atipico diventando eccezionalmente popolare e intrecciando nodi di cultura, potere e religione propri di molti intellettuali rinascimentali.

Il Rinascimento fu un momento di grande cambiamento in cui molte donne cominciarono a scrivere e tenere salotti letterari, addirittura quello della contessa divenne un salotto teologico.

Giulia fu l'emblema dell'Italia cinquecentesca desiderosa di un rinnovamento spirituale sull'onda del cambiamento in chiave protestante sollevata dai riformatori di tutta Europa. Ma ben presto quel "ragionare di cose di religione" fu ritenuto dall'Inquisizione come una pericolosa eresia vicina alle idee luterane. Anche Giulia Gonzaga finì nella morsa dell'Inquisizione riuscendo a salvarsi grazie all'importanza del suo nome e all'intercessione dei due potenti cugini Ercole e Ferrante Gonzaga dai quali ebbe protezione.

Questo libro è un testo teatrale in due atti che si propone di narrare la verità oltre il mito che ha circondato a lungo la figura della contessa. Ciò è stato possibile attraverso una ricostruzione fedele delle vicende che hanno caratterizzato la vita di Giulia Gonzaga, figura storica enigmatica e dalle mille sfaccettature.

Nel primo atto ho scritto della vita che la contessa trascorse a Fondi e nel secondo atto a Napoli. Le vicende legali e gli intrighi di palazzo che videro Giulia come protagonista o artefice, le sue frequentazioni pericolose legate all'eresia luterana e le sue più intime paure, espresse in un ricco epistolario da ella lasciato nel convento di San Francesco delle Monache a Napoli, dove concluse la sua vita terrena.

L'obiettivo di questo testo teatrale è quindi quello di essere il più possibile fedele alla realtà storica. Per raggiungere questo scopo, ho incluso parti in corsivo nei dialoghi tratte da frasi realmente pronunciate dai personaggi rappresentati, offrendo così dei dialoghi autentici e storicamente documentati. L'intento è stato quello di permettere in questo modo ai lettori e agli spettatori di immergersi completamente nelle emozioni e nelle atmosfere dell'epoca.

Ho pensato infine di inserire nell'ultima parte del libro alcune biografie di personaggi per consentire al lettore di comprenderne il carattere, le vicende personali e come le loro vite si intrecciarono con quella di Giulia Gonzaga.

Al termine di alcune biografie è possibile scansionare dei qr code che rimandano a foto, curiosità e approfondimenti da me condivisi come post sulla pagina Facebook della Associazione Pro Loco Fondi Aps.

Il testo è uno sguardo avvincente e coinvolgente su una donna che ha lottato per difendere i propri sentimenti, le proprie idee e la propria indipendenza e vuole anche essere uno strumento attraverso il quale il lettore possa immergersi nella vita di Giulia Gonzaga, figura di donna affascinante che armata della sua bellezza e della sua intelligenza, si mosse con destrezza tra fede, amore e politica.

Dal palcoscenico della storia, tra intrighi, amori e rivalità si dipana in un dramma teatrale avvolto dall'atmosfera dell'epoca in un nuovo risplendere di luce su pagine dimenticate della nostra storia.

Buona lettura dall'autrice

ATTO PRIMO

Palazzo e Castello Caetani a Fondi.

16

SCENA 1
Beatrice Appiano d'Aragona

(**Voce fuoricampo.**) Fondi. Estate del 1525. Nel palazzo dei conti Colonna c'è grande apprensione per la salute della contessa Beatrice Appiano d'Aragona, moglie del conte Vespasiano Colonna dal 1498. Ma le preoccupazioni della donna sono tutte rivolte all'unica figlia, Isabella.

(**Descrizione della scena.**) Stanza da letto dei conti di Fondi. C'è un letto a baldacchino al centro della stanza. Beatrice Appiano d'Aragona ha il volto pallido, è in piedi ma è molto debole e si appoggia al letto. La stanza è oscura, solo una candela brucia su un tavolo accanto al letto. Si sentono i suoni di una tempesta che si avvicina.

(**Personaggi.**) Beatrice Appiano d'Aragona; Isabella Colonna (giovane); dama di compagnia.

BEATRICE (sussurrando): Isabella... Isabella... (poi chiama più forte) Isabella...

(Entra nella stanza una donna di mezza età.)

DAMA DI COMPAGNIA: Mia signora.

BEATRICE (con voce flebile): Isabella... dov'è mia figlia?

DAMA DI COMPAGNIA (preoccupata): Vostra figlia sta riposando nella sua camera, mia signora.

BEATRICE (ansimando): Chiamatela... voglio vederla!

(La donna esce dalla stanza e va a chiamare Isabella.)

BEATRICE (con voce flebile): Non sarò qui ancora per molto... devo dirle delle cose molto importanti...

(La dama di compagnia apre la porta e Isabella irrompe nella stanza.)

ISABELLA: Madre! (corre verso la madre)

BEATRICE (con un sorriso dolce): Cara... cara la mia Isabella.

ISABELLA (disperata): Madre mia, cosa vi succede?

BEATRICE (tenendo la mano di Isabella): Non volevo affliggerti, mio tesoro... ma adesso devo dirti una cosa importante (pausa. Respirando a fatica.)
Quando sarò morta, perché non vivrò ancora a lungo, dovrai essere forte e coraggiosa (guarda negli occhi Isabella.)

ISABELLA (piangendo): No, madre, non parlate così...

BEATRICE (dolcemente accarezza la figlia): Ti voglio bene Isabella (respirando con difficoltà.) Prometti di tenere a mente queste mie parole: sarai tu la signora di queste terre, figlia mia. E non la donna che prenderà il mio posto... o i suoi figli. Promettimelo!

ISABELLA (piangendo): Si madre! (si abbracciano.) Ve lo prometto! (piangendo) ma come farò senza di voi?

BEATRICE (con fermezza): tu sei forte, ce la farai, sei una Colonna e come una colonna niente potrà mai piegarti, niente e nessuno!

ISABELLA (con un sospiro, asciugandosi le lacrime agli occhi): Sì. Ve lo prometto madre.

(La scena si spegne mentre fuori infuria la tempesta.)

SCENA 2
Il matrimonio di Giulia e Vespasiano
Primo incontro
L'ambasciatore di Vespasiano si reca a Gazzuolo, Mantova, per incontrare il padre e la madre di Giulia

(Il sipario è chiuso mentre la voce fuoricampo inizia a parlare.)

(Voce fuoricampo.) Dopo la morte della contessa di Fondi Beatrice Appiano d'Aragona, *"rapita da fiero morbo"* (malaria), giusto un anno dopo il conte Vespasiano Colonna, zoppo e monco, decise di prendere nuovamente moglie e la sua scelta ricadde sulla tredicenne Giulia Gonzaga, di 33 anni più giovane di lui, nella speranza di riuscire finalmente ad avere la discendenza maschile che la prima moglie non era "riuscita" a dargli. Giulia Gonzaga era nata a Gazzuolo, Mantova, nel 1513 da Ludovico Gonzaga e Francesca Fieschi.

(Descrizione della scena.) Mentre la voce continua a parlare, il sipario si apre e la scena si sposta in una stanza elegante del palazzo dei Gonzaga a Gazzuolo. In stanza sono presenti l'ambasciatore di Vespasiano ed entrambi i genitori di Giulia. La madre di Giulia, Francesca Fieschi, è seduta su una sedia con le mani giunte in grembo, mentre il padre, Ludovico Gonzaga, è in piedi davanti a lui.

(**Personaggi.**) Ambasciatore di Vespasiano; Ludovico Gonzaga, padre di Giulia; Francesca Fieschi, madre di Giulia.

AMBASCIATORE (fa un inchino e in tono rispettoso): Eccellenze, sono lieto di incontrarvi. Come ambasciatore del conte Vespasiano Colonna, sono venuto qui per richiedere formalmente la mano della vostra figliola Giulia.

FRANCESCA FIESCHI (sorridendo): Siamo onorati della vostra visita.

LUDOVICO GONZAGA (serio): Il conte Vespasiano è un uomo di grande influenza e prestigio. Sarebbe un onore per la nostra famiglia essere legati a lui.

AMBASCIATORE (rispettoso): Il conte Vespasiano è interessato alla vostra figliola. E sarebbe un onore per lui averla come moglie.

LUDOVICO GONZAGA (pensieroso): Hmm... possiamo offrire per la dote di Giulia 12.000 ducati d'oro, da corrispondere in tre anni. Non è una somma considerevole, non certamente all'altezza delle immense virtù che nostra figlia possiede, ma è quanto possiamo offrire.

AMBASCIATORE: Il conte Vespasiano Colonna mi ha riferito di voler accettare qualsiasi somma da voi offerta per la dote. Quindi 12.000 ducati da corrispondere in tre anni vanno bene. *Il suo interesse è fare parentela con la casa dei Gonzaga e stringere un nodo insolubile. Non gli interessa la roba.*

FRANCESCA FIESCHI (riflettendo): Sì, potrebbe essere una buona opportunità per la nostra famiglia.

LUDOVICO GONZAGA: *E Sia!*

(L'ambasciatore prende congedo con un inchino dai genitori di Giulia. Il sipario si chiude.)

SCENA 3
Il matrimonio di Giulia e Vespasiano
Secondo incontro
A Roma nella casa di Isabella d'Este per firmare
l'accordo

(**Voce fuoricampo.**) Roma. Anno 1526. Nella casa di Isabella d'Este si sta svolgendo la riunione formale per siglare l'accordo di matrimonio tra Giulia Gonzaga e Vespasiano Colonna. Per l'occasione, in nome del padre Ludovico, è presente il cardinale Pirro Gonzaga, fratello di Giulia.

(**Descrizione della scena.**) La stanza è arredata con mobili eleganti e sontuosi ornamenti. L'atmosfera è tesa e solenne. La marchesa di Mantova Isabella d'Este è seduta su una poltrona dorata affiancata da un notaio intento a scrivere. Davanti a lei ci sono l'ambasciatore del conte di Fondi Vespasiano Colonna e il cardinale Pirro Gonzaga, fratello di Giulia Gonzaga.

(**Personaggi.**) Isabella d'Este, padrona di casa; Cardinale Pirro Gonzaga detto "Pirrino", fratello di Giulia;

Ambasciatore di Vespasiano Colonna, conte di Fondi; Notaio.

ISABELLA D'ESTE (con voce solenne): Siamo qui riuniti per formalizzare l'unione tra Giulia Gonzaga e il conte Vespasiano Colonna.

AMBASCIATORE (inchinandosi): Eccellenza, sono qui in rappresentanza del conte di Fondi, Vespasiano Colonna, per discutere i termini del matrimonio tra il conte e la vostra pupilla, Giulia Gonzaga.

ISABELLA D'ESTE: Benvenuto ambasciatore. Il Cardinale Pirro è qui per rappresentare la famiglia Gonzaga.

CARDINALE PIRRO: *Sono qui in nome di mio padre*, che non poteva essere presente. La mia famiglia è felice di accettare la proposta di matrimonio e di unire le casate dei Gonzaga e dei Colonna.

AMBASCIATORE (prende un rotolo di pergamena dalla borsa): Sì, eminenza. Ne siamo lieti. Il Conte accetta la dote di 12.000 ducati che la famiglia Gonzaga corrisponderà in tre anni, a patto che Giulia sia condotta in matrimonio entro il mese prossimo d'agosto.

NOTAIO (prende carta e penna): Bene, allora, per formalizzare l'accordo, avrò bisogno della firma di tutte le parti interessate.

ISABELLA D'ESTE (prende la penna): Procediamo (firma.)

CARDINALE PIRRO (prende la penna e firma.)

AMBASCIATORE (prende la penna e firma.)

NOTAIO (prende il documento): Perfetto. Questo documento formalizza l'accordo tra le parti interessate (mostra il documento al pubblico e alle parti presenti.)

AMBASCIATORE (sorridendo): Benissimo. È un grande giorno. *La giovane Giulia è nata sotto una buona stella, la casata dei Colonna è potente e la parentela vantaggiosa.*

SCENA 4
Il matrimonio di Giulia e Vespasiano
Terzo incontro
Lo scambio degli anelli e il consenso *per verba de presenti*

(Voce fuoricampo.) Agosto del 1526. La giovane Giulia Gonzaga giunge nei possedimenti di Vespasiano. È bellissima nel suo abito da sposa e parla animatamente con l'inseparabile balia, cercando di nascondere l'ansia che la pervade per il suo primo incontro col futuro sposo.

(Descrizione della scena.) Nel Rinascimento l'abito della sposa era rosso, realizzato in tessuti molto pregiati, come seta cinese, taffetà, velluti e broccati, decorati con gemme, gioielli e ricami preziosi. La lunghezza dello strascico e decorazioni delle maniche indicavano la ricchezza e il potere della famiglia.
I pranzi nuziali diventano sempre più scenografici, tra tavoli imbanditi, decorazioni floreali, fontane, statue e menù che contavano decine e decine di portate.

Il corteo di dame elegantemente vestite precede Giulia portando tra le mani alcuni doni e gioielli, parte della dote della sposa.

(**Personaggi.**) Giulia Gonzaga (giovane); balia; dama 1; dama 2; Vespasiano Colonna; sacerdote celebrante; due testimoni; nobile1; nobile2; Paolo Giovio; Alfonso D'Avalos; Molti figuranti, danzatori e musici.

(Il sipario si apre su un salotto.)

GIULIA (agitata): Oh mia cara balia! Non so come comportarmi, non l'ho mai visto!

BALIA (cercando di calmarla): Calmati, mia cara. Sii te stessa e tutto andrà bene.

GIULIA (agitata): Oh balia, non so se sarò mai in grado di farlo.

BALIA (preoccupata): Di cosa parli, mia cara? Del tuo matrimonio?

GIULIA (annuisce): Lui... lui è così vecchio e ha una figlia della mia stessa età.

BALIA (cercando di calmarla): Santo Cielo Giulia! Sei ormai una donna... coraggiosa e intelligente. E sarai un'ottima sposa per il conte Vespasiano.

GIULIA (sospira): Spero di non deludere le aspettative di mio padre.

BALIA: Non pensarci nemmeno! E poi guarda me... ti ho nutrita col mio latte, ti avrò pur trasmesso qualcosa!

(Il sipario si chiude e si riapre con Vespasiano e il celebrante sulla scena. Giulia segue il corteo che sfila. Si odono le note di un liuto che suona una canzone d'amore. Il corteo nuziale conduce Giulia al cospetto del conte Vespasiano precedendola. Gli occhi dei presenti sono tutti puntati su di lei.)

DAMA 1 (ammirata): Guarda che bellezza. È come un angelo sceso dal cielo.

DAMA 2 (sussurrando): Ma è molto giovane. Sembra una bambina.

(Giulia giunge infine al cospetto del conte Vespasiano Colonna che claudicante si avvicina a lei prendendola per mano.)

VESPASIANO (sorridendo): Benvenuta mia signora. Sono felice di incontrarvi.

GIULIA (timidamente gli fa un inchino col capo.)

VESPASIANO (con fare gentile): Seguitemi. La cerimonia sta per iniziare.

(L'atmosfera è solenne e silenziosa. Il celebrante inizia a parlare mentre gli sposi si tengono la mano destra.)

CELEBRANTE (solennemente): Siamo qui oggi per unire in matrimonio Vespasiano Colonna e Giulia Gonzaga. (Si rivolge a Giulia) Vuoi tu Vespasiano Colonna come tuo legittimo sposo, per amarlo, rispettarlo e seguirlo ovunque ti conduca la vita?

GIULIA (con voce ferma): Sì, lo accetto.

CELEBRANTE (rivolgendosi a Vespasiano): Accetti Giulia Gonzaga come tua legittima sposa, per amarla, proteggerla, e onorarla per tutta la vita?

VESPASIANO (con voce emozionata): Sì, la accetto.

CELEBRANTE: Con il consenso *per verba de presenti* di fronte ai testimoni dei due sposi vi dichiaro marito e moglie.

(Gli sposi si scambiano gli anelli. Il sipario si chiude e si riapre sul banchetto nuziale con musica e festeggiamenti. Nobili e dame sono presenti per celebrare il matrimonio di Vespasiano e Giulia. La giovane sposa, ancora un po' imbarazzata, cerca di mostrarsi forte e sicura di sé.)

GIULIA (rivolgendosi ai presenti): Ringrazio tutti voi per essere venuti qui oggi a festeggiare il nostro matrimonio.

NOBILE 1 (sorridendo): Non potevamo mancare, la bellezza della sposa ci ha richiamati qui.

NOBILE 2 (rivolto verso Vespasiano con un bicchiere di vino tra le mani): Hai fatto una scelta saggia Vespasiano. Giulia sarà un'eccellente sposa.

(Mentre i festeggiamenti proseguono vengono avanti due gentiluomini. Sono Paolo Giovio, vescovo, storico e umanista del Rinascimento e Alfonso d'Avalos, marchese del Vasto e condottiero.)

ALFONSO D'AVALOS (rivolgendosi in disparte a Giovio): *Una ragazza quasi divina nel modo di parlare e nel corpo, donna che oscura la fama delle altre dame, per giovinezza, per la bellezza della figura, per il candore del viso, e per la vivacità, prontezza e semplicità del linguaggio.*

PAOLO GIOVIO: Sì Alfonso. *La giovane contessa potrebbe diventare bellissima, se si liberasse un po' dalla sua ingenuità.*

ALFONSO D'AVALOS: *Dei immortali! la fanciulla ha un ingegno pronto a cogliere anche i discorsi più difficili, occhi che fulminano ovunque guardi, un corpo che in ogni movimento scaglia faville. È leggiadra in tutto ciò che dice e fa, ma soprattutto nel modo in cui guida elegantemente le danze.*

(Mentre la festa va avanti tra danze e musica il sipario si chiude.)

SCENA 5
Il Testamento di Vespasiano

(Voce fuori campo.) Anno 1528. Giulia Gonzaga ha 14 anni. Dopo soli due anni dal matrimonio, suo marito, Vespasiano Colonna è morente lontano da Fondi, nei suoi possedimenti di Paliano. Giulia scrive più volte al fratello, il cardinale Pirro, chiedendogli di raggiungerla: *"vieni, per conservazione mia"* scriveva.
Temeva che con la morte del marito e senza un erede la sua posizione a corte si sarebbe indebolita. Ma Vespasiano sul

letto di morte ebbe cura di dettare le sue ultime volontà.

(**Descrizione della scena.**) In una stanza da letto semibuia il conte Vespasiano Colonna è morente nel letto.

(**Personaggi.**) Vespasiano Colonna, conte di Fondi; servitore; notaio.

VESPASIANO (rivolgendosi al servitore): Chiamate subito il notaro. Voglio dettare il mio testamento. Sento che non supererò la notte (sospira mentre il servo esce). Sono state molte le battaglie in cui ho rischiato di morire, ma questa stupida malattia mi toglierà dal mondo.

(Entra il notaio.)

NOTAIO: Mi avete fatto chiamare signor conte?

VESPASIANO: Sì. Voglio dettarvi le mie ultime volontà.

NOTAIO: Va bene signor conte. (Si siede alla scrivania.)

VESPASIANO: Notaro scrivete.

NOTAIO: Come volete mio signore.

(Vespasiano estrae da un cassetto un foglio da cui legge le sue ultime volontà.)

VESPASIANO: Nomino mia figlia Isabella erede universale. Lascio a lei, mia figlia Isabella, promessa sposa di Ippolito de Medici, nipote del Papa, una dote di 30mila ducati d'oro. E per la gioia dei vassalli e la soddisfazione dei posteri, che i loro figli prendano il cognome Colonna, sperando che piaccia all' Imperatore.

Qualora il matrimonio tramonti ci penserà mia moglie a maritarla con uno dei suoi fratelli con mille ducati d'oro, Lascio mia moglie Giulia *donna et patrona in tutto lo stato di Campagna* e anche del regno vita natural durante, purché mantenga lo stato di vedovanza, nel caso si maritasse tutto passerà a mia figlia Isabella.

Avete scritto tutto notaro?

NOTAIO: Sì mio signore, firmate qui.

VESPASIANO (firma il testamento): Bene, andate ora.

(Il notaio esce dalla stanza e Vespasiano resta solo nel letto di morte. Entra il servo che dopo averlo osservato gli adagia il sudario sul volto, si fa il segno della croce ed esce dalla stanza. Il sipario si chiude.)

SCENA 6
A Fondi si discute sul testamento di Vespasiano

(Voce fuoricampo.) Nel Palazzo di Fondi è ormai giunta la triste notizia della morte di Vespasiano Colonna. Gli animi si accendono sulle ultime volontà del conte. Grande fu il malcontento della figlia Isabella che si vide defraudata e obbligata all'obbedienza nei confronti della matrigna sua coetanea.

(Descrizione della scena.) Il sipario si apre su Isabella sola nella sua stanza.

(Personaggi.) Isabella Colonna (giovane); Giulia Gonzaga (giovane); Gandolfo Porrino.

ISABELLA: Ecco! mio padre è morto e non ha pensato bene a me! La sua unica figlia. Certo, la dote di 30.000 ducati d'oro non è cosa da poco, ma avrei preferito che mi avesse lasciata signora e padrona dello Stato! E invece ha designato lei... la sua bella Giulia! Mentre io sono erede universale (pausa). Cosa me ne faccio dell'eredità se non posso gestirla io? Mi ha resa obbligata all'obbedienza verso quella donna, sua moglie, povera me! E pensare che la mia povera madre mi aveva messa in guardia. Ma non finirà così.

(Entra Giulia.)

GIULIA: Cara Isabella siamo rimaste sole e senza protezione (pausa). Ma io sarò una buona madre per te. Siamo si coetanee... ma potremmo essere come sorelle o anche buone amiche e non rivali come lo siamo state fino ad oggi.

ISABELLA: Vorreste farmi da madre? mia madre è morta! tutt'al più matrigna. Mio padre è morto e non ha pensato bene a me!

GIULIA: Invece tuo padre ha pensato a te ed io intendo rispettare le sue volontà.

ISABELLA: Ah sì! e come?

GIULIA: Ormai sei in età da matrimonio e per questo avrei da farti una proposta.

ISABELLA: Ippolito de' Medici? si vocifera che lo faranno cardinale. Non potrà mai sposarmi.

GIULIA: No. Pensavo ad uno dei miei fratelli. Il migliore, il più bello, il più forte. Sto parlando di Luigi, il primogenito di casa Gonzaga. Forte come un toro, ragion per cui lo chiamano "Rodomonte". Se accetterai potrai considerare il matrimonio già fatto. Sposandolo potresti trasferirti a Gazzuolo con i miei parenti che saranno molto lieti di accoglierti. Diventeresti signora di quelle terre.

ISABELLA: Rodomonte... ho sentito tanto parlare di lui come di un fortissimo guerriero ma anche come di un raffinato poeta. Va bene. Ma prima devo prima conoscerlo!

GIULIA: Va bene Isabella cara.

(Isabella esce svelta dalla stanza con fare altezzoso. Entra il segretario Gandolfo Porrino.)

PORRINO: Ossequi mia signora. Avete gestito splendidamente la questione, proprio come avevamo ragionato di fare. *Con i vostri modi cortesi ed affabili riuscirete sicuramente a favorire l'innamoramento tra i due. Questo matrimonio porrà in mano ai Gonzaga i feudi strategici nell'Italia meridionale.*

(Porrino si congeda con un inchino ed esce dalla stanza.)

SCENA 7
Primo incontro tra Isabella e Rodomonte
Il matrimonio segreto

(**Voce fuoricampo.**) Nell'anno 1531 avvenne il primo incontro tra i due futuri sposi. Isabella Colonna e Luigi Gonzaga detto "Rodomonte", il bello, forte e impavido fratello maggiore di Giulia Gonzaga, uomo d'armi ma anche di cultura. Non fu difficile per la giovane Isabella Colonna innamorarsi di lui quando lo vide. Come anche per il Gonzaga non fu difficile innamorarsi di lei, bella bionda e dalle forme generose. Tra i due fu un vero e proprio colpo di fulmine. Ariosto dedicò loro alcune ottave dell'*Orlando Furioso,* in cui mitizzava l'amore e la fedeltà di Isabella per il forte Rodomonte.

(**Descrizione della scena.**) Nel giardino del palazzo di Fondi si vedono due giovani che camminano lentamente. Sono Isabella Colonna e Luigi Gonzaga.

(**Personaggi.**) Isabella Colonna (adulta); Luigi Gonzaga detto "Rodomonte".

RODOMONTE (ammirando il giardino): Questo giardino è bellissimo!

ISABELLA (sorride): Sì, è uno dei miei luoghi preferiti.

RODOMONTE (pensieroso): Sapete, Isabella, ho sentito molto parlare di voi.

ISABELLA (sorride): Davvero? Cosa dicono?

RODOMONTE (ridendo): Che siete la più bella e la più dolce delle donne.

ISABELLA (sorridendo): Oh, non credo proprio che sia così.

RODOMONTE (serio): È vero! Siete molto bella.

ISABELLA (arrossendo): Grazie (pausa.) E voi siete molto gentile.

RODOMONTE (sorride): Grazie per aver accettato di passare la giornata con me.

ISABELLA (sorridendo): È stato un piacere.

(I due giovani si siedono su una panchina.)

ISABELLA (guardandolo negli occhi): C'è qualcosa che voglio dirvi.

RODOMONTE (preoccupato): Ditemi Isabella?

ISABELLA (respiro profondo): Ho capito che vi amo. Dal primo momento che vi ho visto.

RODOMONTE (sorpreso): Davvero?

ISABELLA (seria): Sì.

RODOMONTE (sorride): Anche io vi amo, Isabella.

ISABELLA (sorride): Davvero?

RODOMONTE (serio): Sì. Siete la donna che ho sempre sognato di incontrare.

ISABELLA (sorride imbarazzata.)

RODOMONTE (prende la mano di Isabella): Isabella, sarete quindi felice di diventare mia sposa?

ISABELLA (sorride): Sì, sarò vostra sposa devota.

(I due giovani si abbracciano e si baciano ardentemente. Ma Isabella risoluta si divincola dall'abbraccio e si allontana dal bel Luigi.)

ISABELLA (preoccupata): Luigi io...

RODOMONTE (serio e passionale): Non possiamo aspettare troppo tempo per sposarci.

ISABELLA (seria): Sì, dobbiamo sposarci subito. Anche domani!

RODOMONTE (sorpreso): Domani?

ISABELLA (seria): Sì. Non possiamo aspettare, troppo forte è la fiamma che arde tra di noi.

RODOMONTE: (pensieroso) Ma non abbiamo il consenso dell'Imperatore e neanche quello del Papa!

ISABELLA (decisa): Non abbiamo bisogno di alcun consenso! noi ci amiamo di un amore forte e puro, del quale Dio ci ha fatto dono. Andremo a Paliano ci scambieremo gli anelli e la promessa di amore eterno dinanzi ad un ministro di Dio. Noi due soli. Non parlarne con nessuno!

RODOMONTE: Sì mia amata. Domani giaceremo nel nostro talamo come marito e moglie.

(I due prendendosi per mano si allontanano dalla scena.)

SCENA 8
"La vera età dell'oro": la piccola Atene
Salotto letterario e festeggiamenti nel Palazzo di Fondi

(voce fuoricampo.) Fondi, dicembre del 1531. Con il passare del tempo, grazie alle influenti amicizie del letterato Gandolfo Porrino, suo segretario grande amico del Molza, e con l'aiuto del caro amico il cardinale Ippolito de' Medici *dotato dei più straordinari doni del corpo, dell'ingegno e della fortuna,* la corte della contessa Giulia Gonzaga divenne un salotto raffinato e frequentato dai più importanti uomini d'armi e di lettere che accorrevano da ogni parte dell'Impero per conversare con la *"bellissima signora, donna Giulia Gonzaga"*. La sua corte venne ribattezzata *"la piccola Atene"* ma più goliardicamente a loro piaceva definirsi come *"una brigata di poeti"*.
In quegli anni il segretario modenese Gandolfo Porrino le fu molto vicino.

(descrizione della scena.) Il sipario si apre in un salotto del Palazzo di Fondi presso la corte della contessa Giulia Gonzaga. Le pareti sono riccamente decorate con stoffe e arazzi. Ci sono tavoli imbanditi con frutta e vino. Si sente della musica di sottofondo. Giulia Gonzaga è seduta su una ricca poltrona, simile ad un trono, circondata dai suoi ospiti.

(Personaggi.) Giulia Gonzaga (adulta); Gandolfo Porrino; Francesco Maria Molza; Bernardo Tasso; Ludovico Ariosto; Pietro Carnesecchi; Juan de Valdés; Ippolito de' Medici; Vittoria Colonna; araldo; vari figuranti e musici.

GIULIA (rivolgendosi verso Molza): Ho udito critiche positive sul vostro ultimo componimento. Mi complimento con voi.

MOLZA (inchinandosi): Grazie, mia signora. Il mio componimento sta avendo un grande successo tra i lettori. Ma sarebbe ancora più grande se avessi l'onore di avere un vostro apprezzamento.

GIULIA (sorridendo): Voi siete sempre così modesto. Vi ammiro molto come poeta.

MOLZA (si alza in piedi inchinandosi): Grazie, contessa, è un onore essere qui questa sera. La poesia è la più alta forma di espressione dell'anima e attraverso le parole possiamo raggiungere le vette più alte dell'immaginazione.

TASSO (si alza in piedi): Concordo con Molza. La poesia ci permette di esprimere i nostri sentimenti più profondi e di condividere con gli altri la bellezza del mondo che ci circonda. E così, ho scritto questi versi per la Contessa Giulia Gonzaga.

«Donna real, la cui beltà infinita
formò di propria man l'alto Fattore,
perch'accese di suo gentil ardore,
volgeste l'alme alla beata vita,

la cui grazia divina ognun'invita
all'opre degne di perpetuo onore;
ne' cui lumi sereni onesto amore
per un raro miracolo s'addita;

virtù, senno, valore e gentilezza
vanno con voi, come col giorno il sole;
o siccome col ciel le stelle ardenti:

l'andar celeste, il riso e le parole
piene d'alti intelletti e di dolcezza,
son di vostra beltà ricchi ornamenti».

PORRINO (facendosi largo tra i presenti): Mia preziosa signora, anche io ho dei versi per voi:

«Presso la chioma inanellata e bionda,

Quella fronte di grazia e d'amor piena

Più che il sol chiara e più che il ciel serena».

GIULIA (sorridendo compiaciuta): Che meraviglioso omaggio.

(L'araldo, battendo a terra il bastone, annuncia l'arrivo di un nuovo ospite.)

ARALDO: Ludovico Ariosto è giunto a corte mia signora.

(Entra Ludovico Ariosto con un rotolo di pergamena tra le mani.)

ARIOSTO (inchinandosi): I miei omaggi signora Giulia. Grazie per l'invito. Questi sono dei versi che ho scritto per voi. Li ho dedicati al vostro splendore.

(Ariosto srotola la pergamena e recita i versi.)

«Iulia Gonzaga, che dovunque il piede
volge, e dovunque i sereni occhi gira,
non pur ogni altra di beltà le cede,
ma, come scesa dal ciel dea, l'ammira».

GIULIA (sorride applaudendo): Grazie, sono profondamente colpita. Siete tutti così generosi con me stasera! (Voltandosi verso Vittoria Colonna) Vittoria, amica mia carissima, venite a sedervi accanto a me! (poi voltandosi poi verso Pietro Carnesecchi) Pietro Carnesecchi mio caro amico, venite anche voi qui da me.

PIETRO CARNESECCHI (con un sorriso gentile): Ogni vostro desiderio è un ordine mia bellissima dama!

(Pietro Carnesecchi fa un inchino e prende posto accanto a Giulia.)

VALDES (si avvicina a Giulia): Contessa, permettetemi di presentarmi. Sono Juan de Valdés, filosofo e teologo.

GIULIA (si volta verso Valdés): È un piacere conoscervi. Siete qui per parlare di filosofia questa sera?

VALDES (sorridendo): No, Contessa, questa sera sono qui solo per godere della vostra *Divina conversazione e gentilezza*.

(La musica risuona allegra.)

GIULIA (guardando verso il pubblico): E ora, cari amici, permettetemi di dedicare un brindisi a tutti voi, che mi avete reso così felice in questo giorno. Ma soprattutto brindiamo al lieto evento, alla grande benedizione che ha allietato la nostra casa. Isabella ha dato alla luce un figlio maschio, sano e forte come il padre, il mio diletto fratello Rodomonte! Il suo nome è Vespasiano Gonzaga Colonna. *"Dio ce ne ha fatto grazia, di un figlio maschio"*. Che gioia immensa. Brindiamo!

(Tutti i cortigiani si alzano in piedi sollevando i bicchieri per brindare con Giulia Gonzaga.)

GIULIA (sorridendo): Ora, dichiaro aperte le danze!

(Dopo le danze il cardinale Ippolito de Medici si avvicina a Giulia.)

IPPOLITO (sorridendo): Che grande piacere essere qui, contessa. Non riesco a togliervi gli occhi di dosso. Il solo osservarvi mi riempie il cuore di gioia.

GIULIA (sorridendo pudicamente): Ma cosa dite...

IPPOLITO (abbassando la voce): Lo so, ma non posso nascondere i miei sentimenti per voi. *L'incendio del mio cuore, che voi mi provocate, è simile a quello di Troia, ed esso mi procura affanni, sospiri e lagrime.*

GIULIA (con un sorriso imbarazzato): Eminenza, vi prego, non parlate in questo modo. Siete un uomo di Chiesa ormai, non dimenticatelo. Ed io sono inscindibilmente legata alla memoria del mio defunto marito.

IPPOLITO (abbassando ancora di più la voce): Contessa, non riesco a resistere al vostro fascino. Vi chiedo di concedermi un solo piacere. Quello di farvi fare un ritratto, da uno dei migliori ritrattisti della nostra epoca, fra Sebastiano del Piombo. Vi prego mia signora, assecondate questo mio desiderio.

GIULIA (allontanandosi): Sapete che non amo esser ritratta. Ma per voi lo farò!

SCENA 9
il Ritratto

(**Voce fuori campo.**) Nel mese di agosto dell'anno 1532 il noto pittore fra Sebastiano del Piombo arrivò a Fondi per ritrarre la bellissima contessa Giulia Gonzaga. Suo committente fu il cardinale Ippolito de' Medici, follemente innamorato della contessa.
"Credo che domani partirò da Roma per andare fino a Fondi per ritrarre una signora" scrisse l'artista in una delle sue lettere prima di mettersi in viaggio.
L'opera venne conclusa dopo un mese di permanenza a Fondi. Il Vasari scrisse sul quadro realizzato: *"pittura divina, tale da passare di gran lunga quanti mai ne aveva fatti Sebastiano infino a quel giorno"*.
Quello realizzato da Fra Sebastiano del Piombo fu l'unico ritratto dal vivo della contessa Giulia Gonzaga.

(**Descrizione della scena.**) Il sipario si apre su un'ampia sala di un palazzo a Fondi. In fondo alla sala, una finestra aperta permette la vista del paesaggio circostante.

Fra Sebastiano del Piombo è seduto davanti ad un cavalletto di fronte alla contessa Giulia Gonzaga, seduta su una sedia, che posa per il suo ritratto con un leggero sorriso sulle labbra. La contessa ha i capelli raccolti secondo la moda dell'epoca e indossa uno splendido abito verde. Tra le mani tiene un ventaglio di piume nere.

(**Personaggi.**) Giulia Gonzaga (adulta); Fra Sebastiano del Piombo; aiutante di fra Sebastiano.

FRA SEBASTIANO DEL PIOMBO (guardando la finestra): Contessa, il paesaggio è veramente incantevole. E poi la luce in questa stanza è perfetta per dipingere. Il vostro sorriso è così radioso, mia signora. Siete una musa ispiratrice.

GIULIA (sorride): Sì, Fondi è un luogo meraviglioso.

FRA SEBASTIANO DEL PIOMBO (osservando il ritratto): La vostra bellezza è difficile da catturare contessa. Ma sto facendo del mio meglio per rappresentarvi nel modo migliore possibile.

GIULIA (sorride): Grazie fra Sebastiano. Spero che il mio ritratto sia all'altezza delle aspettative del vostro committente.

FRA SEBASTIANO DEL PIOMBO (termina il dipinto): Ecco fatto! (lo mostra a Giulia e al pubblico.) Credo di avervi reso giustizia, mia signora.

GIULIA (guarda il dipinto con ammirazione): davvero sorprendente!

FRA SEBASTIANO DEL PIOMBO: È stato un onore ritrarre una donna così bella e affascinante come voi, mia signora.

GIULIA: Grazie fra Sebastiano. Non ho mai amato farmi ritrarre. Ma con voi ho trascorso delle ore liete. Spero che tornerete a Fondi per dipingere i nostri splendidi paesaggi.

FRA SEBASTIANO DEL PIOMBO (inchinandosi): Sarò felice di farlo, mia signora.

(Il sipario si chiude.)

SCENA 10
La morte di Rodomonte

(voce fuoricampo.) Nel dicembre 1532 Rodomonte, nel pieno delle forze e della gloria morì ammazzato, vigliaccamente colpito a morte da tre archibugiate sparate da una piccola casa. A Fondi lasciava nella disperazione la giovane vedova Isabella con un figlio di appena un anno. *"Muore giovane chi è caro agli dei"* così gli antichi greci cercavano di dare un senso al dolore troppo grande per essere compreso dalla ragione.

(Descrizione della scena.) Si apre il sipario su una stanza del Palazzo di Fondi arredata con mobili antichi e decorazioni preziose. Isabella, la vedova di Luigi Rodomonte Gonzaga, è seduta su una sedia e piange disperatamente. Sulla destra c'è la contessa Giulia Gonzaga, la sorella del defunto, che cerca di consolarla con parole gentili.

(Personaggi.) Isabella (adulta); Giulia (adulta); Gandolfo Porrino.

PORRINO: *Un nuovo modo di morire! Senza contesa colpiscono da lontano come dei vigliacchi rendendo anonima la morte e privandola di qualsiasi connotato glorioso!*

ISABELLA (piangendo): *Una miseranda tribolazione!* Come potrò vivere senza di lui?

PORRINO (rivolgendosi a Giulia): Bernardo Tasso ha mandato una pergamena. Ha voluto così omaggiare la memoria del vostro valoroso fratello (legge la pergamena.)

«Perché spietata (Parca) hai spento un de' lumi maggiori
e gl' italici onori
Un ch'avea, come forte petto, saggio consiglio;
Che temea più periglio d'infamia vil che d'onorata morte:
E chiuse a quella, a questa aprio le porte!»

GIULIA (piangendo): Meravigliosi questi versi. Descrivono perfettamente ciò che egli rappresentava per tutti noi (si gira e accarezza la mano di Isabella.) Calmati, cara Isabella. So quanto amavate il vostro sposo, ma ora dovete essere forte e pensare al vostro futuro e a quello del piccolo Vespasiano.

ISABELLA (piangendo ancora di più): Mio figlio... crescerà senza suo padre.

GIULIA: (stringendo la mano di Isabella): Vi prenderete cura di lui, ma lontana da qui.

ISABELLA (guarda Giulia sorpresa): Lontana? Ma... dove dovrei andare?

GIULIA (guardando verso il segretario Porrino): Porrino ha già provveduto ad informare mio padre Ludovico e mio fratello Cagnino. Vi trasferirete nelle terre dei Gonzaga, affinché prendiate possesso delle terre che spettavano al mio povero fratello. Vedrete, starete bene.

ISABELLA (irritata): Allontanatevi da me! Voi! non aspettavate altro che allontanarmi dai possedimenti che sono miei di diritto! Miei e di mio figlio Vespasiano. Questa terra non vi apparterrà mai!

GIULIA (indietreggiando): Isabella, vi proibisco di parlare così. Sono pur sempre la vostra matrigna! Sapete bene quanto dolore mi provochi il pensiero di dovermi separare dal mio diletto nipote Vespasiano. Questa decisione è stata presa per il suo bene. Lui sarà un giorno signore di quelle terre ed è giusto che abiti lì, sotto la tutela del nonno e dello zio che lo alleveranno come si confà ad un giovane del suo rango.

ISABELLA (adirata): Io partirò. Per il bene di mio figlio e non perché me lo state imponendo voi! (pausa) Ma Giulia, voi la pagherete! E il cuor mi duole, perché la mia Fondi avrà di che soffrire per colpa vostra!

GIULIA (basita): Il Signore Dio non tollera questo tipo di anatemi. Chiedete immediatamente perdono per le parole che avete appena pronunciato!

(Isabella si gira furiosa ed esce dalla stanza, congedandosi con rabbia e rancore.)

SCENA 11
Barbarossa

(**Voce fuoricampo.**) Fondi. È una calda notte tra l'8 e il 9 agosto del 1534. Il paese dorme ancora quando all'improvviso la quiete viene squarciata da un forte boato. Un'orda di corsari ottomani capeggiati dall'Ariadeno Khayr al-Dīn detto Barbarossa, che già da settimane andavano saccheggiando le coste meridionali della penisola effettuando rapidi sbarchi dalle sue navi, approda sulle coste tirreniche gettando nello scompiglio per quattro lunghi giorni tutto il territorio, facendo scempio dei luoghi e delle persone che trovano lungo il cammino.
Dopo aver messo a ferro e a fuoco il piccolo borgo di Sperlonga si dirigono verso Fondi.

(**Descrizione della scena.**) Giulia dorme nella sua stanza da letto. Indossa una leggera e trasparente camicia da notte bianca. Improvvisamente entra in scena un servitore che con voce molto concitata la invita ad alzarsi.

(**Personaggi.**) Giulia Gonzaga (adulta); Servitore; Barbarossa; corsaro ottomano 1; corsaro ottomano 2; Serva; vari figuranti in veste di corsari ottomani.

SERVITORE (irrompe nella stanza): Presto signora svegliatevi!

GIULIA (confusa e adirata): Chi vi ha dato il permesso di entrare nella mia stanza! Andate via subito!

SERVITORE: Perdonatemi umilmente mia signora, ma dovete fare presto, non c'è tempo da perdere. Abbiamo ricevuto un messaggio. I corsari stanno arrivando! Devo mettervi in salvo, questa notte sono disposto a dare la mia vita per voi.

GIULIA (spaventata): Non farò in tempo a vestirmi. Andiamo. Presto!

(Giulia scende dal letto si dirige verso il centro della stanza guardandosi intorno mentre il servitore la cinge col proprio mantello portandola verso l'uscita della stanza.)

SERVITORE: Presto venite signora. C'è una giumenta pronta che ci aspetta, ci condurrà lontani da qui, tra i monti e col favore delle tenebre non ci troveranno (escono dalla stanza.)

(La stanza è vuota. Fuori, in lontananza, inizia a sentirsi il frastuono degli spari, del metallo delle spade e delle urla selvagge dei corsari ma anche delle persone, dei fondani sorpresi dall'incursione in piena notte.
Irrompono all'improvviso i corsari che correndo tra il pubblico si dirigono verso il palco. Hanno le armi sguainate e urlano selvaggiamente.
Il Barbarossa li precede fiero e minaccioso. Si pone al centro della scena nella stanza dove dormiva Giulia e con la sciabola sguainata si guarda intorno.)

BARBAROSSA (urlando): Dov'è? (pausa.) Dov'è? (poi urlando sempre più forte) Dov'è?

CORSARO OTTOMANO 1: Signore non c'è. Ci è sfuggita!

BARBAROSSA (urlando con disapprovazione): Maledizione! Cercatela in tutte le stanze del castello, nelle segrete, sui torrioni.

CORSARO OTTOMANO 2 (tenendo una donna della servitù per un braccio): Non c'è mio signore. Questa serva ci ha detto che è fuggita (scaraventa la donna a terra.)

BARBAROSSA (urlando): Cercate ancora! Recatevi in tutte le case del paese!
Mettete a ferro e fuoco ogni cosa! Scoperchiate le tombe, profanate i luoghi sacri. I poveri alle galee. I ricchi ci serviranno per chiedere lauti riscatti, e se faranno resistenza uccideteli tutti senza pietà!

(Voce fuoricampo) Il feudo dei Colonna si rivelò completamente indifeso. Fondi subì gravissimi danni. Dopo molte ore di assedio al torrione del castello, dove erano custoditi tutti i beni più preziosi, il viceconte con la promessa di aver salva la vita aprì le porte ai nemici. Il torrione fu messo a ferro e fuoco.
Gli schiavi catturati a Fondi furono 150. Gli uccisi, fra la città e il castello, circa 90. Mentre 1.213 furono le case distrutte o saccheggiate.
Nel 1535, per vendicarsi delle devastazioni ottomane, l'imperatore Carlo V armò una flotta di 82 galee e 200 vascelli e la affidò a Andrea Doria che riconquistò Tunisi ottenendo, dopo un saccheggio di due giorni, 10.000 schiavi.

Da Roma Ippolito de' Medici partì alla volta di Fondi con un esercito di circa 5.000 uomini che costrinsero il Barbarossa e i suoi uomini alla ritirata nelle ottanta galee.

SCENA 12
La morte di Ippolito de' Medici

(**Voce fuori campo.**) Anno 1535. I segni della devastazione provocati dall'attacco del Barbarossa avvenuto appena un anno prima erano ancora molto evidenti. Si era trattato di una esperienza traumatica e umiliante che aveva messo in luce la debolezza militare ma anche la debolezza amministrativa nella gestione dei feudi. Nelle lettere scritte da Giulia, apprendiamo che nella *"gestione dei vassalli"* le mancò l'*"autorità"*.

Ma un altro drammatico episodio mise in luce la precarietà del potere di Giulia nelle sue terre feudali: la morte del cardinale Ippolito de' Medici, suo carissimo amico. Ippolito il 2 agosto del 1535 era a capo di una spedizione alla volta di Tunisi dove avrebbe dovuto incontrare l'imperatore Carlo V per chiedergli la destituzione di suo cugino il duca Alessandro de' Medici dal governo di Firenze che egli ambiva a governare.

Ippolito dovette passare per i possedimenti di Giulia Gonzaga e, superata Fondi, sostò presso il Convento di San Francesco a Itri dove, già febbricitante per aver contratto una leggera forma di malaria, venne misteriosamente colto da un forte malore.

(**Descrizione della scena.**) Ippolito è sdraiato nel letto, in una stanza semibuia del castello di Itri illuminata da poche candele.

(**Personaggi.**) Giulia Gonzaga (adulta); Ippolito de' Medici; Cerusico; servitore;

(Entra Giulia.)

GIULIA (con voce preoccupata): Mio caro Ippolito cosa vi accade?

IPPOLITO (voce sofferente): Mia dolcissima signora. Sono stato ingannato. Avvelenato! Non un fiero morbo! Ma è il veleno che devasta il mio corpo e che mi sta pian piano allontanando da voi.

GIULIA: Che dite... come è stato possibile?

IPPOLITO: La scorsa sera, dopo aver mangiato una minestra *offertami dal siniscalco Giovanni Andrea* sono stato immediatamente colto da malore!

GIULIA (chiama un servitore con una campanella.)

SERVITORE: Avete chiamato?

GIULIA: Presto, chiamate un cerusico!

(Il servitore esce dalla stanza e dopo un po' entra il cerusico.)

CERUSICO: Mi avete fatto chiamare signora?

GIULIA: Sì, ho bisogno della vostra scienza. Il cardinale Ippolito sta male. Visitatelo e poi riferitemi.

(Il cerusico visita il cardinale.)

CERUSICO (rivolgendosi a Giulia): Il cardinale presenta tutti i sintomi di un avvelenamento. Il suo alito e le sue membra molli ne sono una prova.

GIULIA (disperata): Bisogna aiutarlo. Il cardinale non deve morire!

CERUSICO: Ci vorrebbe un antidoto che è possibile trovare solo a Roma o a Napoli. Il viaggio è lungo, se inviamo subito un messo forse potremmo farcela. Ma nell'attesa gli praticherò un salasso.

(Giulia con fare concitato scrive delle lettere e chiama un suo servitore con la campanella. Dopo un po' il servitore entra in stanza.)

GIULIA: Presto! Informate i messi viaggiatori. Queste lettere devono arrivare a Roma e a Napoli. Prendete i cavalli più veloci che abbiamo!

(Il servitore si inchina lasciando rapidamente la stanza.)

IPPOLITO: Dovete sapere che il mio sentimento per voi sarà eterno. Sento che morirò. Ma spero *che la mia memoria e reputazione vengano preservate.*

GIULIA (con le lacrime agli occhi e tenendo la mano di Ippolito): Caro Ippolito, adesso dobbiamo solo attendere, siamo nelle mani di Dio. Riposate. Ne avete bisogno.

IPPOLITO: *Che tutto il mondo sappia, e il Nostro Signore, e l'Imperatore, che io non muoio a causa delle mie pazzie, né per disordini che io abbia fatto, ma perché sono stato* *assassinato. Non voglio e non cerco vendetta, anzi pregate Nostro Signore che, una volta accertata la verità, venga liberato lo scalco che si prestò ad attuare il fatto.*

(Voce fuoricampo) Passarono dei giorni ma l'antidoto non arrivò. Anche la contessa Giulia gli portò da Fondi un antidoto in polvere ma non funzionò. Le condizioni del Cardinale Ippolito si aggravarono e quel veleno lo condusse alla morte nel giorno 10 agosto del 1535. Giulia restò al suo capezzale fino alla fine rendendogli *men dura la morte*.

Lo scalco Giovanni Andrea da Borgo San Sepolcro fu arrestato e sotto tortura, prima a Itri e poi a Castel Sant'Angelo a Roma, in presenza del notaio confessò il delitto indicando come mandante il duca di Firenze. Consegnato alla giustizia papale (benché Itri fosse territorio del regno di Napoli), quest'ultima iniziò un iter istruttorio che, tra confessioni e ritrattazioni, si protrasse per circa un mese. Finché, in attesa dell'esecuzione capitale dell'accusato e reo confesso, questi inaspettatamente venne consegnato al duca Alessandro de' Medici, il quale gli rese la piena libertà, confessando implicitamente la propria colpevolezza.

SCENA 13
Addio Fondi

(**Voce fuoricampo.**) Fondi, estate dell'anno 1535. Juan de Valdés, *"dottore e pastore di persone nobili e illustri"* in fuga dalla Spagna per motivi di Inquisizione, per aver scritto il suo *"Dialogo della Dottrina cristiana"*, ma protetto dall'Imperatore, aveva trovato rifugio in Italia. Nell'estate del 1535 visitò spesso Fondi e la contessa Giulia Gonzaga, sua discepola. Ella sentiva che la cornice politica e sociale nella quale era cresciuta si stava man mano deteriorando e la sua fino ad allora "incorrotta fede" venne ben presto influenzata dalle idee luterane di Valdés, personalità affascinante e dalla lingua arguta.
Inoltre, in quello stesso anno iniziò il complicato conflitto legale tra Giulia e Isabella.
Valdés, incaricato dal cardinale Ercole Gonzaga, cugino di Giulia, curò la causa per Giulia, nominata usufruttuaria dal marito Vespasiano, contro la figliastra Isabella che rivendicava come erede i territori del basso Lazio. L'inimicizia tra le due donne aveva profonde radici, nate per questioni di potere ma anche emotive. Ardua fu infatti la battaglia per l'affidamento del piccolo Vespasiano, figlio di Isabella e Rodomonte e nipote di Giulia.

(**Descrizione della scena.**) Siamo a Fondi nel palazzo della contessa Giulia Gonzaga, nell'anno 1535. La contessa è seduta in una stanza ornata di arazzi e dipinti, con il suo maestro spirituale, Juan de Valdés, a discutere della sua causa legale contro la figliastra Isabella Colonna.

(**Personaggi.**) Giulia (adulta); Juan de Valdés; Gandolfo Porrino; Serva.

GIULIA: Devo ringraziare mio cugino Ercole Gonzaga per avervi dato l'incarico di far da intermediario in questa causa. Se non fosse per voi mi sentirei completamente persa.

VALDES: Non siete sola contessa. Io sono qui per aiutarvi, come il vostro amico e confidente.

GIULIA: Questa causa è molto importante per me. È questione di dignità e onore. Non posso permettere che Isabella mi sottragga ciò che mi spetta. Il mio compianto marito mi lasciò *"donna et patrona in tutto lo stato... si vede chiaramente che mi volle lasciar il tutto"*... ma non posso dimostrarlo perché *"tutte le scritture di Fondi sono perse"* e Isabella è contraria.

VALDES: Capisco perfettamente la vostra situazione, contessa. Ma dovete essere paziente e fidarvi del mio lavoro. *Spero che vada tutto bene... anche se la contessa Isabella è rigida proprio come una colonna di marmo!*

GIULIA: Non dubito delle vostre capacità. Ma è un periodo difficile per me. *Io non cerco di voler il suo Stato* è solo giustizia quella che cerco. Non so come potrei sopportare una sconfitta. Spero che non mi tolgano anche *le gioie che mi donò mio marito e mille altre che portai io.*

VALDES: Questa causa richiede tempo e pazienza. Ma alla fine, vedrete che tutto si risolverà in vostro favore.

GIULIA: Spero di cuore che voi abbiate ragione. E poi c'è Vespasiano. Il mio diletto nipote. Isabella vorrebbe tenerlo con sé. *Impertinente domanda* la sua!

VALDES: Se prenderà nuovo marito la legge parla chiaro. Non avrà più diritto alla tutela del bambino (pausa). Credo anche, mia signora, che dobbiate guardarvi da certi vostri servitori...

GIULIA: Si Valdés. Devo liberarmi di Porrino. Non posso più sopportare *la pazzia di Gandolfo. Credo di averlo strapagato.* Entro la fine di quest'anno dirò addio a Fondi. Mi trasferirò a Napoli. E lì non voglio averlo vicino. *Non potrei patire oltre la sua insolenza!* E poi *sono stanca di pigliar carico di vassalli.*

VALDES: Saggia decisione mia signora.

GIULIA (suona un campanello per chiamare la serva.)

(Entra la serva.)

GIULIA: Fai chiamare il segretario Gandolfo Porrino.

(la serva esce e dopo un po' bussano alla porta ed entra Porrino. Valdés con un inchino si congeda ed esce dalla stanza.)

PORRINO: Come posso servirvi mia signora.

GIULIA: Porrino, vi congedo dal mio servizio. Tra pochi mesi andrò a Napoli e lì non avrò più bisogno di voi.

PORRINO: Mia signora io... io non capisco.

GIULIA: Da troppo tempo ormai voi rappresentate un ostacolo per me. I vostri consigli non li ritengo sinceri e le vostre azioni non sono disinteressate. Non condividete i miei interessi religiosi ed ho il sospetto che abbiate abbracciato la causa di Isabella.

PORRINO: Voi sapete bene quanto amore ho sempre nutrito per voi mia signora. Respingo tutte le accuse ma rispetto la vostra decisione. Andrò via domani all'alba.
Mi congedo da voi *rimpiangendo quei giorni felici qui a Fondi e Traetto. Quel secolo fu ben santo e perfetto,* di quando si rideva volentieri... *e quella fu la vera età dell'oro.* Ed è perduta ormai... per sempre!

(Porrino si congeda con un inchino. Esce dalla stanza e Giulia rimane sola e pensierosa. Le luci si abbassano e il sipario si chiude.)

FINE
ATTO PRIMO

L'ingresso della chiesa convento
di San Francesco delle Monache a Napoli.

ATTO SECONDO

Napoli.

SCENA 1
Napoli "fedelissima"

(**Voce fuoricampo.**) Nel dicembre del 1535 la contessa Giulia Gonzaga lasciava Fondi per andare a vivere a Napoli, nel convento di San Francesco delle Monache. Il 25 novembre dello stesso anno l'imperatore Carlo V d'Asburgo faceva il suo ingresso trionfale in città dopo la vittoriosa impresa di Tunisi, occupata un anno prima dagli ottomani. Carlo V intervenne perché temeva che la conquista ottomana di Tunisi, portata a termine da Khayr al-Din (detto il "Barbarossa"), potesse agevolare il sultano Solimano il Magnifico nella pianificazione di un'invasione della Sicilia e nelle incursioni lungo le coste dell'Italia meridionale da parte dei pirati che avevano già saccheggiato Fondi e Sperlonga, incendiato il castello di Capri, occupato Procida e devastato l'Isola di Ischia. La contessa Giulia Gonzaga partecipò alla cerimonia in rappresentanza della famiglia Gonzaga.

(**Descrizione scena.**) In un sontuoso salone l'imperatore Carlo V è seduto su un trono e indossa abiti di velluto rosso e al collo l'ordine del Toson d'Oro.
Si odono in sottofondo di trombe, spari ed urla dei cittadini festanti che provengono da fuori.
Sono presenti in sala una moltitudine di figure illustri del Regno, nobili ed ecclesiastici di tutti i ranghi. Gli eletti della città, sei nobili e uno appartenente al popolo (vestiti di giallo e cremisi, i colori dello stemma della città) gli vanno incontro, accompagnati da Ferrante Sanseverino, principe di Salerno, per porgergli gli omaggi.

(**Personaggi.**) Giulia Gonzaga (adulta); Imperatore Carlo V d'Asburgo; Alfonso d'Avalos marchese del Vasto; Ferrante Sanseverino il principe di Salerno; Maria d'Aragona marchesa del Vasto e moglie di Alfonso d'Avalos; conte Giovanni Antonio Carafa; araldo; i sei eletti di Napoli.

ARALDO (battendo il bastone a terra): I sei eletti della città di Napoli.

(I sei eletti di Napoli entrano, si inginocchiano a turno e baciano all'imperatore la mano e il ginocchio.)

ARALDO (battendo il bastone a terra): Ferrante Sanseverino, principe di Salerno.

(Ferrante si inginocchia e bacia all'imperatore la mano e il ginocchio.)

ARALDO (battendo il bastone a terra): Il conte Giovanni Antonio Carafa.

(Il conte Giovanni Antonio Carafa si avvicina all'imperatore e dopo avergli baciato la mano e il ginocchio gli consegna le simboliche chiavi d'oro della città.)

GIOVANNI ANTONIO CARAFA: Maestà imperiale! (consegna le chiavi con un inchino.)

CARLO V (prende le chiavi e dopo averle osservate gliele restituisce): Tenetele! Saranno ben custodite in questa *fedelissima città*!

(Giovanni Antonio Carafa prende le chiavi e dopo aver fatto un inchino si allontana. Sfilano poi a turno numerosi nobili tra inchini e baci all'imperatore.)

ARALDO (battendo il bastone a terra): la contessa Giulia Gonzaga Colonna.

(Giulia si avvicina all'imperatore baciandogli la mano e ringraziandolo.)

GIULIA (fa la riverenza rimanendo inginocchiata): Vostra maestà imperiale. *Vendetta è fatta!* per l'affronto che mi venne inflitto da mano turca in quel di Fondi.
Vi chiedo solo di voler intercedere per me nella difficile lite legale contro la mia figliastra Isabella Colonna. Troppi affanni provoca al mio cuore di vedova questa difficile situazione. In particolare, la questione dell'affidamento di Vespasiano Gonzaga, il mio adorato nipote, ultimo erede della casata. La madre, donna Isabella è ormai prossima al matrimonio con Filippo di Lannoy, principe di Sulmona.

CARLO V: Contessa, il nostro Impero non conosce ingiustizie. Attendiamo che il matrimonio venga celebrato e poi giustizia sarà fatta.

(Giulia si alza congedandosi con un inchino. Il sipario si chiude.)

SCENA 2
Feste e rivalità alla corte di Carlo V

(Voce fuoricampo.) L'imperatore Carlo V si trattenne a Napoli per diversi mesi tra feste, giochi, banchetti, musiche, balli e commedie. Nell'Epifania del 1536 venne addirittura organizzata una corrida in piazza Carbonara alla quale lo stesso imperatore partecipò mostrando *grande destrezza e leggiadria.*
Tra presenze, assenze, pettegolezzi, incontri e corteggiamenti, fortissime le rivalità politiche... ma anche forti conflittualità e sentimenti di onore offeso, tra dame e cavalieri, connotarono quei festeggiamenti.

(Descrizione della scena.) La scena si apre in una sontuosa sala del palazzo reale di Napoli con l'imperatore Carlo V seduto su un trono dorato. Si odono musiche festanti e risa. La tensione tra i presenti è palpabile. Un gruppo di nobiluomini composto da Pierantonio Sanseverino, Ferrante Sanseverino, Alfonso d'Avalos e il viceré di Napoli don Pedro di Toledo è riunito attorno all'imperatore e fanno a gara per adularlo e per catturare la sua attenzione tributandogli continui festeggiamenti e offrendogli svaghi e diversivi.

(Personaggi.) Giulia Gonzaga (adulta); Imperatore Carlo V d'Asburgo; il viceré di Napoli don Pedro di Toledo; Pierantonio Sanseverino principe di Bisignano; Ferrante Sanseverino principe di Salerno; Alfonso d'Avalos marchese del Vasto con la moglie Maria d'Aragona e sua sorella, la marchesa Costanza d'Avalos; conte Giovanni Antonio Carafa; ambasciatore del duca di Mantova il conte Nicola Maffei; la principessa Isabella di Capua; Antonio d'Aragona, cognato del marchese del Vasto; Eleonora di Toledo (figlia del viceré di Napoli); servitore; figuranti vari.

VICERE' DON PEDRO: Quale fortuna avervi qui a Napoli... il paese del sole! E sull'impero di Carlo V il sole non tramonta mai!

PIETRANTONIO SANSEVERINO: Maestà, vi propongo una caccia al falcone. Ho dei rapaci magnifici, addestrati apposta per voi.

(Ferrante Sanseverino interviene con aria supponente.)

FERRANTE SANSEVERINO: Maestà! Ho ancora impressa nella mente la corrida in piazza Carbonara alla quale partecipaste con *grande destrezza e leggiadria*! Io vi propongo un torneo a cavallo. Che ne dite?

(Alfonso d'Avalos, elegante e raffinato, non può resistere alla tentazione di adularlo e si fa avanti a sua volta.)

ALFONSO D'AVALOS: Maestà, l'idea è magnifica. Ma perché limitarsi a una sola attività? Io vi offro un intero spettacolo di giochi e divertimenti, un'esperienza indimenticabile per voi e per i vostri ospiti!

(L'imperatore, visibilmente soddisfatto, si alza dal trono.)

CARLO V: Onorevoli cavalieri. Non posso che ringraziarvi per questi magnifici progetti. Ma non ho ancora deciso quale scegliere. Avrò bisogno del vostro aiuto per decidere qual è il migliore!

(Entra un servitore che riferisce sottovoce delle parole al marchese Alfonso D'Avalos, il quale compiaciuto fa un cenno di assenso con la testa e si rivolge poi all'Imperatore.)

ALFONSO D'AVALOS: Preziosissimo imperatore, mi informano che sono arrivate le signore. Tutte desiderose di vedervi e di conversare con voi.

CARLO V (con aria compiaciuta): Meravigliosa notizia marchese! Sono anche io desideroso di incontrarle. Fatele entrare!

(Alfonso d'Avalos fa un cenno al servitore per autorizzarlo a far entrare le signore.)

VICERE' DON PEDRO (rivolgendosi ad Alfonso d'Avalos): Marchese, può dirmi se è arrivata anche mia figlia Eleonora?

ALFONSO D'AVALOS: Si. è fuori con le altre dame. Ma non vi preoccupate, non sono sole, c'è mio cognato Antonio d'Aragona a scortarle.

(Il viceré don Pedro di Toledo è visibilmente turbato dalla notizia. Teme che Antonio d'Aragona possa far lusinghe alla figlia Eleonora, verso la quale è molto protettivo.)

VICERE' DON PEDRO (a voce alta): *Non è bene che un sol uomo stia con tante donne!*

(Entrano le signore tra musiche e apprezzamenti. Giulia Gonzaga è in abiti scuri, veli neri sul capo e una pelliccia con pelo lunghissimo. È circondata da dame, amiche e parenti: Maria d'Aragona, Costanza d'Avalos e Isabella di Capua. Al loro passaggio interviene il conte Nicola Maffei, trasognato da tanta bellezza.)

NICOLA MAFFEI (rivolgendosi alle signore e ai presenti): *Quante belle signore! Pare che il Paradiso abbia aperto le sue porte lasciando uscire ogni bellezza e armonia.*
(Guardando Giulia.) *Signora Giulia, voi siete davvero divina!*

(Nicola Maffei si inchina porgendo i suoi omaggi a Giulia che gli rivolge la parola.)

GIULIA: Ambasciatore carissimo, voi siete sempre così cortese. Ebbene. *Così si andrà spendendo il tempo fino a Quaresima. In piaceri e feste!*

(Il viceré cerca con lo sguardo la figlia Eleonora. Ad un certo punto la vede che cammina scortata da Antonio d'Aragona. Preso dall'ira allontana la ragazza dall'uomo guardandolo con fare di sfida. I due iniziano a discutere animatamente. Intervengono anche gli altri uomini presenti in sala. Tutti tengono la mano sul pugnale, pronti all'azione.)

VICERE' DON PEDRO (urlando verso Antonio d'Aragona): Voi! State lontano da mia figlia!

ANTONIO D' ARAGONA (indignato): State lontano voi da me! Come osate mettere in dubbio le mie nobili intenzioni e le mie virtù.

VICERE' DON PEDRO (urlando con tono minaccioso): Voi siete un uomo senza onore e senza virtù!

ANTONIO D'ARAGONA (con tono sarcastico): Non mi sorprende che voi non riusciate a riconoscere la virtù.

Siete troppo impegnato a cercare di nascondere la vostra mancanza di essa!

ALFONSO D'AVALOS (urlando e posizionandosi tra i due litiganti per dividerli): Don Pedro, adesso basta! Non tollererò ancora per molto i vostri attacchi contro mio cognato.

(Tensione e silenzio calano nel salone. I presenti si scambiano sguardi di sfida e tengono le mani sulle spade sui pugnali, pronti ad essere sguainati. Le dame intimorite sono tutte raggruppate ad un angolo della sala. A sedare la lite interviene l'imperatore Carlo V.)

CARLO V (battendo le mani): Bene, bene cari amici. Anche per questa sera mi avete deliziato con uno dei vostri spettacoli. Ma ora placate i vostri bollenti spiriti. È arrivato il momento di aprire le danze (si gira verso le dame) mi sembra oltremodo scortese far attendere queste graziose signore.

(Il gruppo di litigiosi si disperde e l'aria torna distesa, ma solo in apparenza.)

(Voce fuoricampo.) Don Pedro e Antonio d'Aragona avrebbero continuato a non sopportarsi reciprocamente, ma non per quella sera.

SCENA 3
Il Predicatore

(Voce fuoricampo.) Napoli. Quaresima del 1536. Il frate cappuccino Bernardino Ochino era predicatore a San Giovanni Maggiore. Col suo nuovo modo di predicare in maniera forte e penitenziale il Vangelo affascinava il popolo ma anche i potenti. Ebbe tra i suoi ascoltatori anche l'imperatore Carlo V. Secondo le cronache dell'epoca predicava *con spirito e devozione grande, che faceva piangere le pietre.*
L'Inquisizione intanto nutriva già i primi sospetti verso il frate, ancora solo sussurrati.

(Descrizione scena.) Sull'altare della Chiesa di San Giovanni Maggiore a Napoli fa il suo ingresso il predicatore Bernardino Ochino che dopo un breve silenzio, durante il quale osserva attentamente il pubblico, inizia a parlare.

(Personaggi.) il predicatore fra Bernardino Ochino (monologo).

IL PREDICATORE: *Il mondo!* (pausa.) *Le false apparenze...* (pausa) *e l'amore per Cristo!* (pausa.) *Un "mondaccio" traditore! Un mondo in cui manca la fede, infelice pieno di miserie ma anche un mondo meraviglioso e di fattura divina* (pausa.) *Un teatro in cui tutto è falso. Dove si rappresentano commedie e tragedie* (pausa.) *In cui si vedono i buoni perseguitati mentre i cattivi vengono premiati!* (pausa, mentre osserva il pubblico.) *Ma nella morte finisce la commedia!* (pausa.) *Nudi come alla nascita! Torniamo nudi... e non c'è più alcuna differenza tra*

ricco e povero, potente e impotente, servo e signore!
(pausa.)
Siete ancora in tempo! ad abbandonare le delizie del
mondo per la croce di Cristo! Le ricchezze del mondo per
la povertà di Cristo, gli onori e dignità del mondo per le
piaghe di Cristo.
(Silenzio. Le luci si abbassano.)

(**Voce fuoricampo.**) Bernardino Ochino a Napoli conobbe anche Juan de Valdès , il teologo spagnolo maestro spirituale di Giulia Gonzaga. Valdès nel libro "Alfabeto cristiano", che dedicò a Giulia per iniziarla formalmente all'educazione spirituale ed aiutarla a conoscere e dominare gli "appetiti" dell'animo, prese spunto dalla predica dell'Ochino.

SCENA 4
Le accese battaglie legali tra Giulia e Isabella

(**Descrizione scena.**) In un vicolo di Napoli il menestrello e poeta di corte Luigi Tansillo intona una canzone che beffardamente si prende gioco delle interminabili cause tra Giulia Gonzaga e Isabella Colonna delle quali parla ormai tutta Napoli. Mentre il menestrello canta, passanti di ogni ceto sociale si fermano incuriositi ad ascoltare.

(**Personaggi.**) Giulia Gonzaga (adulta); Juan de Valdés; Luigi Tansillo, il menestrello.

MENESTRELLO (strimpellando uno strumento a corde intona i suoi versi sarcastici):

La bella donna Iula
ma l'han si stanca le sue liti crude
che ha in odio de dottor sino a la mula!

(si congeda con un inchino tra gli applausi e le risa degli ascoltatori. Il sipario si chiude.
La scena si sposta nel salotto del palazzo di proprietà di Giulia a Napoli. Il sipario si riapre: ci sono Giulia e Juan de Valdés che parlano.)

GIULIA: Tutta Napoli ride di me! Questa situazione non è più sopportabile. La giustizia napoletana è lenta e senza rispetto!

VALDES: Mia signora, siate forte e abbiate fede. Vedrete, alla fine andrà tutto bene.

GIULIA: Spiegatemi Come. *le scritture di Fondi son perse e lo notaro è morto!*
C'è una sola cosa che potrebbe donarmi gioia: avere in mani nostre Vespasiano, mio nipote. *Io son sola, donna Isabella si è risposata ed ha chi fa per lei.*

VALDES: *Sarà in vostre mani molto presto mia signora, donna Isabella si è risposata e la legge parla chiaro sull'affidamento del bambino. Per le gioie perdute potremmo ricorrere in appello.*

GIULIA: *Sono stanca Valdés. Non ricorrerò in appello. Le cause mi sono venute a odio. La sentenza me l'hanno storpiata! Ho perduto anche le gioie che mi donò il signore mio marito e certe altre che ne portai io dalla casa di mio padre!*

VALDES: *Ricordate quella bellissima tragedia che udiste dire dal predicatore? mostrò come le persone del mondo non sono altro che rappresentatori di una tragedia. Tutte le cose desiderate: onori, stati, signorie e ricchezze non sono altro che vanità!*

GIULIA: *Non so se riuscirò a lasciare le dolcezze del mondo, le conversazioni dalle quali prendo un po' di piacere e altre cose curiose con le quali passo il mio tempo* (pausa). *Temo, che se lascerò queste cose, cadrò in uno stato d'animo malinconico che mi farà vivere in uno stato di insipidezza.*

(Voce fuoricampo) Il conflitto legale tra Giulia Gonzaga e Isabella Colonna su dote, gioielli e alimenti, si protrasse per più di quattro anni. Alla fine, Juan de Valdés, disperato, perché non riusciva a trovare una soluzione per sedare l'odio tra le due donne, nell'anno 1540 chiese l'intervento dell'imperatore Carlo V affinché ponesse fine alla lite. L'imperatore impose alle parti di accontentarsi del sentenziato.
Sulla questione dell'affidamento del piccolo Vespasiano, con grande dolore per la madre Isabella, vinse Giulia perché secondo il diritto del tempo la madre vedova che convolava a nuove nozze perdeva la tutela del bambino.

SCENA 5
Il salotto culturale e il circolo valdesiano

(**Voce fuoricampo.**) Giulia a Napoli viveva tra palazzo e monastero. Nonostante ella risiedesse nel convento di San Francesco delle Monache, disponeva anche di un palazzo che teneva per ospitare parenti, amici e servitori. Qui continuava a fare vita mondana *facendosi ammirare* incontrando poeti e letterati come faceva ai tempi della sua vita a Fondi ma anche gli amici del circolo valdesiano. Il Carnesecchi fu spesso suo ospite mentre Juan de Valdés abitava stabilmente in detto palazzo. Il segretario Gandolfo Porrino, nonostante Giulia lo avesse congedato, la seguì anche a Napoli.

(**Descrizione scena.**) Il sipario si apre su un salotto, decorato elegantemente con mobili antichi e tappeti pregiati. Sulla parete ci sono quadri rinascimentali dipinti a mano che rappresentano scene bibliche. Al centro della stanza c'è un grande tavolino su cui sono appoggiati bicchieri di vino e piatti di frutta. Intorno al tavolo ci sono sedie intagliate e imbandite con cuscini di velluto rosso.
La Contessa Giulia Gonzaga è seduta su una delle sedie accanto al tavolo. Indossa un abito lungo nero con delicati ricami dorati. Ha i capelli raccolti in un'acconciatura elaborata. Accanto a lei, seduto su un'altra sedia, c'è il suo caro amico Pietro Carnesecchi che indossa un abito elegante e ricercato.
In un angolo della stanza, Juan de Valdés è seduto a scrivere con una piuma d'oca. Ha l'aspetto austero e indossa un abito semplice ma elegante.
Il gruppo di persone si compone di membri della nobiltà napoletana, poeti e scrittori della cerchia di Valdés e amici personali della contessa che conversano di filosofia, poesia, astrologia e pettegolezzi. In sala ci sono danzatori e musici.

(Personaggi.) Giulia Gonzaga; Juan de Valdés; Pietro Carnesecchi; Vittoria Colonna; Gandolfo Porrino; Marcantonio Flaminio; Vespasiano Colonna Gonzaga (bambino); Pitrillo (bambino).

GIULIA (si alza e parla con tono di voce alto, per catturare l'attenzione dei presenti): Amici carissimi, quest'oggi vi ho riuniti qui non solo per ragionare di arte, letteratura e fede... ma anche per festeggiare un evento che è tanto caro al mio cuore (fa una pausa mentre tutti i presenti sono in silenzio e in ascolto.) *Vespasiano è finalmente in nostre mani!*

(Il piccolo Vespasiano corre verso Giulia e la abbraccia forte tra i battiti di mani ed espressioni di giubilo dei presenti.)

VESPASIANO (urlando di gioia): Zia... zia ti voglio tanto bene!

GIULIA (abbraccia forte il nipote Vespasiano): Anche io ti voglio tanto bene.

VESPASIANO (guardando Giulia negli occhi): Zia cara, posso andare a giocare con Pitrillo?

GIULIA: Certamente tesoro mio. Vai a giocare con Pitrillo. Intanto noi festeggeremo gustando le pietanze cucinate dalle suore del convento di San Francesco delle Monache. Vedrete che delizie!

(Giulia con un campanello chiama la sua serva.)

CINZIA: Desiderate signora.

GIULIA: Cinzia, comunica alle cucine di che possono servirci le pizzette di rose, le pizze alle mandorle, i torsi di lattughe e i mostaccioli che hanno fatto le monache.

CINZIA: Sì signora.

(Cinzia esce di scena. Rientra poco dopo battendo le mani. Dalle cucine escono cameriere che, disposte in fila, portano sontuosi vassoi pieni di delizie facendosi strada tra gli invitati. Tra le esclamazioni compiaciute dei presenti che intanto si sono disposti attorno alla tavola per assaggiare le prelibatezze servite. Durante il pasto si ragiona di questioni di attualità e fede ma anche di astrologia, materia della quale Giulia e Carnesecchi erano particolarmente appassionati.)

CARNESECCHI (prende la parola rivolgendosi ai commensali): Miei illustrissimi amici, gli astri parlano chiaro: papa Paolo IV è prossimo alla morte. A breve verrà richiamato alla casa del Padre!

GIULIA: Quali i presagi mio caro amico?

CARNESECCHI (guarda Giulia negli occhi atteggiamento misterioso): Una cometa!
Tutti gli astrologi sono ormai concordi sul fatto che il papa morirà entro questo mese o al massimo entro il prossimo.

VITTORIA COLONNA: Carnesecchi, a proposito di astrologia e di profezie... cosa ne pensate di Michel de Nostredame detto Nostradamus?

CARNESECCHI: È il migliore in assoluto. *Il profeta di*

Francia! Anche la regina di Francia Caterina de Medici è dello stesso parere.

GIULIA: Le profezie mi affascinano tanto... ma allo stesso tempo mi spaventano! Si vocifera che mio cugino Ercole è tra i futuri papabili... ma io sono contraria alla sua nomina, perchè un astrologo mi ha detto che diventerà papa ma a caro prezzo: una volta eletto morirà entro un anno!

CARNESECCHI: Tranquilla mia dolce signora, se Ercole Gonzaga salisse al soglio pontificio regnerebbe fino ai 61 anni, perché *conforme al termine prescritto dalle stelle al viver suo.* Non morirà prima di aver raggiunto quella età.

VALDES (con tono di rimprovero): Signori miei. Capisco quanto il parlare di astrologia vi diletti, ma stiamo vivendo un momento molto delicato. Notizie incoraggianti per la nuova fede arrivano dall'Inghilterra. Si è ormai certi che salirà al trono Elisabetta che professa la nuova fede protestante che è molto più amata in quella terra di quella professata dall'altra regina, Maria Tudor la cattolica.

CARNESECCHI: Sì, i tempi sono ormai maturi. Ho udito che il popolo di Londra ha spezzato e buttato a terra la statua restaurata di San Tommaso di Canterbury!

VITTORIA COLONNA: Miei cari amici, se a Londra i tempi sono maturi per il cambiamento, qui a Napoli le persecuzioni sono vicine e la situazione sta degenerando dopo l'annuncio del viceré don Pedro di voler autorizzare le indagini dell'Inquisizione.

VALDES: La nostra unica speranza è riposta nell'imperatore. Lui che può tutto, forse riuscirà a *scuotere il mondo e riformare la chiesa!*

VITTORIA COLONNA: Io sono fiduciosa. L' imperatore Carlo V non ci lascerà in balìa dell'Inquisizione. E poi Valdés, vostro fratello Alfonso è pur sempre il suo segretario!

(I presenti restano in silenzio, pensierosi dopo avere udito le ultime notizie.)

GIULIA: Ho paura cari amici. Penso che andrò per qualche tempo a Ischia, dalla mia amica Costanza d'Avalos... fino a che le acque non si saranno calmate.

SCENA 6
L'Inquisizione arriva a Napoli

(Voce fuoricampo.) Nella primavera del 1551 il Sant'Uffizio iniziò una vasta azione repressiva contro la minaccia dell'eresia luterana che era molto diffusa tra i nobili in tutta Italia e nel Regno di Napoli. I più potenti inquisitori erano i cardinali Carafa e di Santiago.
Nel giugno del 1551 il tribunale dell'Inquisizione di Roma ottenne la drammatica confessione da parte del vescovo Sorazo il quale fece i nomi di Juan de Valdés e di Giulia Gonzaga.
Nel 1552 venne arrestato Apollonio Merenda, molto vicino al circolo valdesiano, al quale venne espressamente chiesto di: *"quelli che praticavano con la signora donna Giulia"* e il Merenda confessò: *"donna Iulia è devotissima et affetionatissima* (di Valdés), e*t per molti anni imparò da lui et comunicò seco li soi scritti"*.
Giulia, appresa la notizia, disperata, scriveva ai cugini Ercole e Ferrante per ottenere protezione. Sapeva che l'azione inquisitoriale mirava ad isolarla dai parenti per

arrivare a lei, donna di altissimo lignaggio.

(**Descrizione della scena.**) In una stanza del palazzo di proprietà dei Gonzaga a Napoli, Giulia è seduta al suo scrittoio con carta e penna di piuma d'oca in mano, intenta a scrivere una lettera ai suoi cugini Ercole e Ferrante. Sul tavolo ci sono anche un vaso di fiori e un candelabro che illumina il viso della donna.

(**Personaggi.**) Giulia Gonzaga (matura); Pietro Carnesecchi.

GIULIA (legge la lettera appena scritta): "Illustrissimo Signor fratello, scrivo per chiedervi aiuto. Sono in pericolo. L'Inquisizione mi ha presa di mira a causa della mia vicinanza con Juan de Valdés. So che volete il mio bene, vi chiedo quindi di proteggermi. *La mia mente è bona* nel trattare di *cose di religione* delle quali ho sempre parlato *per intenderle ma non per deviar mai da quel che la Chiesa cattolica tiene* e poi non comprendo queste strane procedure, *gli strani modi* del tribunale dell'Inquisizione, *tali che ognuno per uscirne dice quel che non sa, ma quello che immagina e che a lor pare che aggradi a quei reverendissimi sopra detti...* (fa una pausa e sospira.) Ma cosa succede alla nostra famiglia? (posa la penna e si copre il volto con le mani.)

(Pietro Carnesecchi entra nella stanza con un passo risoluto e con aria preoccupata.)

CARNESECCHI: Mia signora, la confessione di Apollonio Merenda è stata un grave colpo. Ma la vostra famiglia è potente e molto cara all'Imperatore. Non permetterà certamente che una tal disgrazia possa abbattersi su di voi e sul vostro casato.

GIULIA: *Io me ne sto ferma e intrepida* ma tutto *il parentato deve muoversi* perché questo è un attacco alla casa Gonzaga! (pausa.) Vi ringrazio amico mio per essermi così vicino nonostante anche voi siate perseguitato e rischiate al pari mio. Non so cosa avrei fatto senza la vostra amicizia.

CARNESECCHI (guardando con affetto Giulia): *certo signora mia è una bella cosa l'amicizia, soprattutto se nata da oneste cause, cresciuta e confermata con gli anni e col giudizio e in ultimo terminata in Dio.*

GIULIA: Mio caro amico. Tanti anni sono passati dal nostro primo incontro. Con i vostri *dolci e santi ragionamenti* mi avete sempre dato conforto. Sento ormai il peso degli anni e l'avanzare della vecchiaia (pausa). Suor Bernardina, la sua morte mi ha sconvolta... mi era tanto cara la sua compagnia.

CARNESECCHI: *Mi dolgo della morte di questa brava suora, sapendo quanto Vostra Signoria l'amava, e me ne dolgo molto di più vedendo come abbia partorito in voi il contrario effetto di quel doveva fare, perché invece di aiutarvi ad allontanarvi dalle vanità di questo mondo, e aiutarvi a perdere l'affetto e l'amore per questa vita, pare che abbia accresciuto in voi la paura della morte!*

GIULIA: Sì è vero. La morte mi terrorizza e odio il pensiero di dover morire!

CARNESECCHI (con fare ironico): Mia signora, non mi duole il fatto che voi *abbiate così tanto in odio la morte che* *è poi cosa naturale a tutti... mi duole però che vi siate scelta un nemico così fiero e dal quale non si possa né fuggire né difendersi!*

GIULIA: Guardatemi Pietro, mio caro, sto invecchiando è ormai evidente... e forse questo evento è anche peggiore della morte stessa!

CARNESECCHI (sorridendo): Mia signora, ciò che importa è la bellezza dell'anima e non del corpo! *Molti ritratti di voi furono fatti dai più eccellenti pittori del mondo ed ora sono conservati nelle corti dei maggiori principi d'Europa.* Grazie a loro, tutti avranno memoria della vostra immortale bellezza (pausa, e poi riprende con fare ironico) bellezza che *però non nego di aver guardato anche io con diletto mentre è durata.*

(Giulia sorride mettendo il suo braccio sotto a quello dell'amico. I due escono di scena.)

(Voce fuoricampo.) A Napoli, tra il 1552 e il 1553, furono molti gli arresti, denunce, confische e fughe. La fuga più eccellente fu quella del predicatore fra Bernardino Ochino. Nell'anno 1553 il cardinale Ercole Gonzaga, accogliendo le suppliche della disperata cugina Giulia intervenne presso l'inquisitore, il cardinal Carafa perché, diceva, *"non si può far contra di lei cosa la quale non ridondi in tutta la casa et sangue mio"*.
Il procedimento contro Giulia Gonzaga non andò oltre la fase istruttoria e si chiuse nel febbraio del 1554.

SCENA 7
Il testamento di Giulia

(**Voce fuoricampo.**) Giulia Gonzaga amò molto la vita e la bellezza, temendo sopra ogni altra cosa la vecchiaia e la morte. Di questi timori continuò a parlarne al Carnesecchi nelle sue lettere. *Pietro Carnesecchi l'amico più amato da Giulia, il suo confidente, informatore e consigliere spirituale col quale condivise speranze e timori. Le fu molto vicino negli ultimi dieci anni di vita. In anni difficili per Giulia il Carnesecchi scrisse: "essendo io parte di lei per la comunione che abbiamo insieme in Gesù Cristo capo e signore nostro, non posso non partecipare insieme con ella delle sue afflizioni, parimenti del corpo e dell'anima".* Quando le condizioni di salute di Giulia si aggravarono, la contessa decise di fare testamento.

(**Descrizione della scena.**) La scena si apre in una stanza modesta e silenziosa del convento di San Francesco delle Monache, con poche finestre da cui luce filtrata illumina il viso di Giulia Gonzaga, seduta su una sedia. La figura della contessa è quella di una donna già matura, ma ancora elegante e bella come nei suoi anni di giovinezza. Indossa abiti semplici e scuri, in segno di modestia, e tiene tra le mani un foglio di carta su cui ha scritto il suo testamento. Accanto a lei, seduto su un'altra sedia, c'è un notaio che tiene in mano la sua penna, pronto ad annotare le ultime volontà della contessa. L'atmosfera è silenziosa, quasi solenne, e la figura del notaio si muove con discrezione per non disturbare il pensiero della signora. Giulia, con voce ferma e chiara, inizia a dettare il suo testamento.

(**Personaggi.**) Giulia Gonzaga (matura); Notaio.

GIULIA: *Al nome di Dio Padre, del Figlio e dello Spirito Santo. Amen.*

Io Donna Giulia Gonzaga Colonna volendo testare e disporre delle robe mie e ordinare quanto desidero si esegua dopo la mia morte, in primis offro e raccomando l'anima mia al Signor Dio onnipotente e a Gesù Cristo suo figliuolo e mio Redentore...

Ordino e voglio che il corpo mio sia seppellito nella Chiesa del Monastero di San Francesco delle Monache, dove son stata molti anni ed oggi abito....

Instituisco e faccio mio erede universale di tutti i miei beni Vespasiano Gonzaga mio nepote, e annullo ogni altro testamento ch'io ho fatto per il tempo passato.

Lasso ducati mille in monete al Monastero di San Francesco, dove al presente abito...
Lasso a tutte le altre Monche di detto Monastero di San Francesco due ducati di moneta per ciascuna per una volta tanto.
Lasso Cinzia mia schiava a mio nipote Vespasiano mio erede, al quale ordino che la tenga nello Stato suo di Lombardia e la faccia maritare con ducento ducati di moneta in dote, facendola libera... gli raccomando poi molto il giovanissimo Pitrillo ch'io ho fatto allevare in casa mia ed al quale lascio mille ducati.
Lasso a le Citelle, che al presente serveno la cucina, che siano pagate di quanto hanno servito secondo le promesse che son state fatte.
Lasso al Cappellano che al presente mi serve ducati venti in moneta per una volta, oltre al salario che gli compete.

Lasso al Confessore de le Monache del detto Monastero ducati venti di moneta per una volta tanto.

Lasso che a tutti servitori di casa mia vengano pagate le spese per un altro mese dopo la mia morte. Dispongo poi che tutti i miei debiti e legati si paghino senza lite, e senza dilazione alcuna, e tutti servitori e servitrici pensionate siano pagati sino all'ultimo giorno.

Prego Signora Donna Anna d'Aragona, che faccia pregare nostro Signore Iddio per me.

Lasso all'Ospedale dell'Annunziata di Napoli ducati cinquanta di moneta.

Lasso a la Signora Donna Isabella Colonna, Principessa di Sulmona: il calice e la patena, e certe perlucce e bacili d'argento, che pervennero da casa sua in poter mio.

Lasso alla Reverendissima Sorella Lodovica Maura de Gonzaga, mia sorella monaca in Mantova, venti scudi d'oro all'anno.

Lasso all'erede di un tale che fu appiccato in Fogliano, il nome del quale lo può ricordare il Signor Scipione dell'Offredo, ducati cento di moneta per una volta, e si usi diligenza in trovar detto erede.

Se mai si trovasse persona che mi avesse offesa in qualsivoglia modo perdono liberamente, e astengo il mio erede dal rendermi vendetta.

Faccio esecutore del presente mio Testamento il Signor Ascanio Caracciolo di Napoli, e lo Magnifico Vicenzo Abbate di Napoli...
Giulia de Gonzaga Colonna

NOTAIO: Bene mia signora, firmate qui.
(Giulia firma.)

GIULIA: Notaro, con il mio testamento voglio lasciare al mondo un segno della mia grande fede, così che il mio buon cuore possa continuare ad esistere, anche dopo la mia morte.

(Il notaio si volta verso Giulia guardandola con profonda ammirazione e rispetto.)

NOTAIO: Il vostro testamento è il più profondo e sentito che io abbia scritto mia signora.
Il vostro messaggio di fede e di speranza verrà accolto con commozione e tutti vi ricorderanno per la vostra bontà e animo nobile.

(Giulia sorride soddisfatta. Il notaio, con la stessa ferma solennità con cui ha iniziato, chiude il testamento e lascia la stanza con l'umiltà di chi ha detto la sua ultima parola.)

SCENA 8
Se non fosse morta l'avrei "abbruciata"!

(Voce fuoricampo.) Nell'anno 1565 il conclave elesse al soglio pontificio Michele Ghisleri, il devoto e rigoroso frate domenicano che divenne papa con il nome di Pio V detto "il papa inquisitore".
Giulia Gonzaga morì il 16 aprile del 1566 e la sua dipartita, che fu per lei salvifica, sarà invece fatale per il suo caro amico Pietro Carnesecchi perché metterà nelle mani dell'Inquisizione le lettere che la stessa si era scambiata con lui.

(Descrizione scena.) La scena si apre con Papa Pio V seduto nella sua scrivania. Si sta concentrando sulla stesura di un importante documento.

(Personaggi.) Papa Pio V; Il segretario del papa.

(Si sente bussare alla porta. Entra il segretario.)

SEGRETARIO (con tono solenne): Vostra Santità, ho delle notizie importanti da comunicarvi.

(Il volto di Pio V si illumina d'interesse, ed egli guarda fisso il suo segretario.)

PIO V: Diteci figliolo. Cos'è successo?

SEGRETARIO: È stata trovata una corrispondenza (pausa).

(Papa Pio V si alza in piedi e con la mano fa un gesto per incitare il segretario a proseguire.)

SEGRETARIO (titubante): Tra... tra i carteggi della defunta contessa Giulia Gonzaga (abbassando il tono della voce.)

(Il volto di Pio V si scurisce improvvisamente, e la sua mano stringe la penna con forza.)

PIO V (con la voce accesa di rabbia): Troppo tardi! E questa corrispondenza dov'era nascosta?

SEGRETARIO: Da ella gelosamente custodita in un baule nella sua stanza del convento di San Francesco delle Monache.

PIO V: Ci sono prove palesi di eresia? Abbiamo dei nomi?

SEGRETARIO: Sì, Santità. Pietro Carnesecchi, suo privilegiato interlocutore.

(Papa Pio V si alza dalla sedia e comincia a passeggiare per la stanza, freneticamente.)

PIO V: Devo vedere quella corrispondenza. Riunite i cardinali e i membri dell'Inquisizione. Abbiamo del lavoro da fare.

SEGRETARIO: Sì, Santità.

(Dopo un inchino il segretario si congeda velocemente. Pio V rimane solo nella stanza semibuia con le luci puntate su di lui.)

PIO V (irritato): Maledetta Giulia Gonzaga! (sibila tra i denti sbattendo la penna sul tavolo.)
Se solo lo avessi saputo prima della sua morte, l'avrei fatta abbruciare viva!

(Voce fuoricampo.) Grazie a quell'epistolario, che Giulia aveva amorevolmente ma incautamente conservato, i giudici avranno tra le mani le prove dello stato di eretico del Carnesecchi ma anche di Giulia stessa. Torturato più volte il Carnesecchi non coinvolse gli amici e morì con grandissima dignità il giorno 1° ottobre del 1567. Venne decapitato e il suo corpo poi arso nella piazzetta antistante il ponte Sant'Angelo.

(La luce si spegne e il sipario si chiude.)

FINE

Giulia Gonzaga prega e raccomanda la sua anima a Dio.

BIOGRAFIE

Alfonso d'Avalos

Alfonso III d'Avalos d'Aquino nacque a Ischia il 25 maggio 1502, figlio di Innico II d'Avalos e di Laura Sanseverino. Nel 1521 ottenne il riconoscimento di "Grande di Spagna" da aggiungere al titolo di marchese del Vasto riconosciuto al padre nel 1496.
Combatté a fianco del cugino Fernando Francesco d'Avalos nella battaglia di Pavia del 1525.
Nel 1525 l'imperatore Carlo V concesse ad Alfonso il feudo di Castelleone, nella cui titolarità egli venne confermato da Francesco II Sforza nel 1531. Il 25 agosto del 1526 il d'Avalos venne investito del titolo di marchese di Castelnuovo Scrivia. Nel 1531 ricevette il titolo di conte di Castellazzo Bormida.
Venne fatto prigioniero da Andrea Doria durante l'assedio di Napoli del 1528. Nella distribuzione a favore dei nobili rimasti fedeli alla Spagna voluta da Carlo V nel 1529 dei beni confiscati alla nobiltà filofrancese del regno di Napoli, Alfonso d'Avalos ricevette diversi feudi. Per mezzo del diploma spedito dalla città di Ratisbona in data 28 luglio 1532, l'imperatore donò al d'Avalos e ai suoi eredi e successori diversi beni.
Fu governatore di Milano dal 1538 al 1546.
Comandò l'esercito imperiale in Italia durante la campagna d'Italia tra il 1542 e il 1546, e fu sconfitto dai francesi nella battaglia di Ceresole. Il 28 giugno 1543, assieme all'imperatore Carlo V, fece visita a Castel Goffredo al marchese Aloisio Gonzaga e fu ospite della sua corte.
Su sua iniziativa fu fondata a Milano nel 1546 l'Accademia dei Trasformati per coltivare "*la lingua e la poesia italiana*".
Morì a Vigevano il 31 marzo 1546.

DESCRIZIONE DI GIULIA GONZAGA A POCHI GIORNI
DALLE NOZZE

Beatrice Appiano d'Aragona

Figlia di Jacopo IV Appiano, signore di Piombino e di Vittoria Todeschini Piccolomini d'Aragona, fu prima moglie di Vespasiano Colonna, che aveva sposato nel 1498 e dal quale ebbe l'unica figlia Isabella.

Nell'estate del 1525 morì tra le più atroci sofferenze proprio a Fondi "rapita da fiero morbo" (forse a causa della malaria).

Se non fosse prematuramente morta, la storia sarebbe andata in maniera del tutto diversa, e Fondi non avrebbe mai avuto la divina Giulia Gonzaga.

Giusto un anno dopo Vespasiano, zoppo e monco, e di 33 anni più grande, sposò la tredicenne Giulia Gonzaga nella speranza di riuscire finalmente ad avere la discendenza maschile che la prima moglie non era "riuscita" a dargli, speranza vana: Vespasiano, infatti, morì di lì a breve senza altri figli, oltre a Isabella, che aveva avuto da Beatrice.

Nella sua breve vita lasciò importanti tracce di se: per la sua bellezza e le infinite virtù venne celebrata dal letterato Pietro Gravina; è inoltre famosa per aver accolto nell'anno 1523 all'interno delle mura di Fondi il santo "pellegrino" Ignazio di Loyola fondatore della Compagnia di Gesù (i gesuiti).

Nell'"Autobiografia" del santo leggiamo che, durante il suo viaggio verso Roma, Ignazio raggiunse nelle ore notturne la città di Fondi, a circa 20 km da Gaeta, ma trovò le porte chiuse e non facevano passare nessuno per paura del contagio di peste che in quell'anno affliggeva il territorio. Dinanzi alle mura di Fondi, il pellegrino Ignazio si sentì male. Non potendo entrare passò la notte in una chiesa dei dintorni, "mezzo diroccata" identificata con la cappella di San Rocco, edificata nei primi anni dell'episcopato di Nicola Pellegrino (1500-1520) *de iure patronato* fuori le mura presso il castello, come atto di invocazione al santo protettore contro le epidemie.

Al mattino, non potendo proseguire il suo viaggio, si fermò dinanzi alla porta (porta Napoli, tra il mastio del castello di Fondi e Palazzo Caetani) ma non trovava elemosine. Quel giorno uscirono parecchie persone dalla città: quando sentì che anche la signora di quelle terre la contessa Beatrice Appiano d'Aragona si dirigeva al castello le andò incontro, le si avvicinò e parlò con lei con facilità perché Beatrice parlava spagnolo, raccontandole la sua situazione, dicendole che non era un appestato ma malato per pura debolezza, e le chiese il favore di farlo entrare in città per riposare e per mendicare, cosa che la contessa gli concesse prontamente.

Il pellegrino Ignazio chiedendo l'elemosina per strada, ricevette una grande quantità di monete di piccolo taglio e rimase lì per circa due giorni. Non appena si sentì meglio prosegui il viaggio e arrivò a Roma il giorno della Domenica delle Palme.

L'Associazione Pro Loco Fondi si interessò della storia di Beatrice ribattezzandola "la dama dimenticata" ed attraverso la ricostruzione del suo volto grazie alla tecnica della computer grafica, ed a un accurato studio della fisiognomica, fu possibile risalire alle sue fattezze fisiche ed il risultato fu sorprendente! Beatrice era una donna di bellissimo aspetto ma non solo. Dalla lettura di questo passo possiamo anche concludere che colei che regnò prima di Giulia Gonzaga fu, oltre che bella, anche generosa e di buon cuore.

L'INCONTRO TRA LA CONTESSA DI FONDI BEATRICE APPIANO E SANT'IGNAZIO DI LOYOLA NEL 1523

LA DAMA DIMENTICATA

Bernardino Ochino

Bernardino Tommassini, detto Ochino fu un teologo e riformatore e nacque a Siena nel 1487. Figlio del barbiere Domenico, Bernardino entrò giovanissimo, intorno al 1504 nell'Ordine dei Minori Osservanti, e dal 1510 studiò medicina a Perugia.

La predicazione. Le sue prediche furono apprezzate per la passione e la forza dell'argomentazione: nel 1535, avendo assistito al quaresimale tenuto nella chiesa di San Lorenzo Damaso a Roma, dove l'Ochino conobbe Vittoria Colonna, il vescovo Agostino Gonzaga scrisse di lui: *«è dotato di un fervor mirabile cui si accompagna una voce perfettissima, egli punta, fermo e chiaro, alla riprensione dei vizi senza risparmiare i potenti: reprende eccellentissimamente como si deve, né guarda di dir tutto quello che sente ch'abbi ad essere per la salute de chi l'ode, et tocha principalmente li Capi».*

A Napoli predicò con grande successo nella basilica di San Giovanni Maggiore nel 1536. Ebbe fra gli astanti anche Carlo V, ma anche i primi sospetti, ancora solo sussurrati, di una teologia non in linea con l'ortodossia cattolica. A Napoli conobbe Juan de Valdés, il teologo spagnolo che fu forse determinante per la svolta che diede alla vita e alle scelte religiose di fra' Bernardino. Non per caso i primi scritti noti dell'Ochino, il *Dialogo in che modo la persona debbia reggere bene sé stessa* e il *Dialogo della Divina Professione* sono datati al 1536 e sono prossimi al pensiero del Valdés. Nel 1539, su invito di Pietro Bembo, andò a Venezia, dove tenne una serie di importanti discorsi che ottennero grande successo: in esse si fece insistente il richiamo ai temi protestanti della grazia e della giustificazione per fede.

La fuga dall'Italia. In occasione della quaresima del 1542 fra Bernardino è a Venezia: dal pulpito della chiesa dei Santi Apostoli denuncia la carcerazione da un anno dell'amico, frate agostiniano, Giulio della Rovere come sospetto di eresia; il 15 luglio del 1542, appena rieletto alla massima carica dell'Ordine, viene pertanto invitato a Roma per chiarimenti. Durante il viaggio incontrò a Bologna il cardinale Gaspare Contarini, che si era fatto promotore per anni di tentativi di riconciliazione con i luterani e, ormai in fin di vita, lo ammonì a non andare a Roma, tanto per l'inutilità di ricercare formule di compromesso quanto per i rischi personali che avrebbe potuto correre. Proseguendo il viaggio per Roma, s'incontrò in agosto a Firenze con l'agostiniano Pietro Martire Vermigli il quale, essendo stato anch'egli chiamato a Roma a dare spiegazioni sulla sua professione di fede, convinse l'Ochino a fuggire con lui in Svizzera, paese ormai riformato.

A cavallo raggiunse Milano e di qui, passando per Morbegno, il 31 agosto 1542 superò la frontiera Svizzera.

L'ultima fuga. Dopo una peregrinazione fra i vari centri del protestantesimo della Svizzera e della Germania Ochino raggiunse Norimberga, dove scrisse il *Dialogo di difesa*. Invitato da Francesco Limanini, un francescano convertito al protestantesimo, confessore di Bona Sforza, la madre del re polacco Sigismondo II Augusto, con i quattro figli raggiunse Cracovia, città nella quale erano altri antitrinitari. Ai primi del 1564, e in primavera predicò alla comunità protestante italiana. Il 7 agosto fu promulgato l'editto reale che, ispirato dal nunzio pontificio Giovanni Francesco Commendone, bandiva dal paese tutti gli stranieri non cattolici, a esclusione dei tedeschi, da tempo integrati in Polonia. Decise di dirigersi in Transilvania. Costretto a fermarsi a Pinczòw, in Moravia, per le cattive condizioni di salute, sembra che nella cittadina morissero tre dei suoi figli a causa della peste. Trascinatosi malato fino ad Austerlitz alla fine dell'anno vi morì in casa dell'anabattista veneziano Niccolò Paruta. Le sue ultime parole sarebbero state: «Non ho mai voluto essere né un papista né un calvinista, ma solo un cristiano».

Carlo V d'Asburgo

Nato a Gand nel 1500 e morto a Yuste nel 1558, Carlo V era figlio di Filippo il Bello d'Asburgo e di Giovanna detta "la Pazza". Nipote dell'imperatore del Sacro Romano Impero Massimiliano e del re di Spagna Ferdinando il Cattolico. Fu imperatore del Sacro Romano Impero Germanico, arciduca d'Austria dal 1519, re di Spagna (Castiglia e Aragona) dal 1516, e principe sovrano dei Paesi Bassi come duca di Borgogna dal 1506.

Carlo V fu uno dei più grandi sovrani della storia moderna. *Il suo impero era così vasto che si diceva che su di esso non tramontasse mai il sole.* Sognò di creare una monarchia universale in grado sia di garantire un ordine politico pacifico – avente nel cattolicesimo il suo fondamento morale e religioso – sia di opporre un'invalicabile barriera all'espansione dell'impero ottomano. Ma il sogno di Carlo V andò fondamentalmente deluso.

La conquista dell'Italia. La potenza di Carlo suscitò il più vivo allarme nel re di Francia Francesco I, che vedeva il proprio Stato circondato dai domini dell'imperatore. Nel 1521 Carlo fece occupare Milano e nel 1525 sconfisse presso Pavia i Francesi. Venezia, Genova, Firenze e lo Stato pontificio si unirono allora alla Francia. Nel 1527 Carlo non esitò a far mettere a sacco Roma da soldati tedeschi luterani, i lanzichenecchi.

La pace di Cambrai del 1529 impose alla Francia la rinuncia a ogni mira sull'Italia. Quindi l'imperatore nel 1530 fece restaurare a Firenze, che nel 1527 si era eretta a repubblica, la dinastia dei Medici. In quello stesso anno il papa Clemente VII a Bologna incoronò Carlo re d'Italia.

Il conflitto con i protestanti. Dopo che molta parte della Germania era diventata protestante (protestantesimo) con l'appoggio di principi desiderosi di impadronirsi dei beni della Chiesa, l'imperatore ricorse alla forza. Con la guerra detta di Smalcalda (1546-47) prevalsero le forze cattoliche, ma la riscossa avversaria indusse Carlo a riconoscere con la pace di Augusta del 1555 il diritto dei principi a scegliere secondo coscienza la confessione religiosa, con l'obbligo per i loro sudditi di seguirli in questa scelta.

Il conflitto con gli ottomani di Solimano II il Magnifico che nel 1529 avevano minacciato Vienna e le cui flotte attaccavano le coste spagnole e dell'Italia meridionale, erano in piena espansione (nel 1534 ci fu anche l'assedio del Barbarossa a Fondi). L'imperatore reagì conquistando nel 1535 Tunisi (con successivo ingresso trionfale a Napoli). Ma nel 1541 venne sconfitto ad Algeri.

Logorato nel fisico e nel morale Carlo abdicò (1555-56), ritirandosi nel convento spagnolo di Yuste, dopo aver affidato la corona d'Austria al fratello Ferdinando I e la corona di Spagna con tutti i suoi domini al figlio Filippo II. Nel 1558 Ferdinando I assunse il titolo di imperatore del Sacro Romano Impero.

Morì un anno dopo, avendo abbandonato il sogno dell'impero universale cattolica di fronte alla prospettiva del pluralismo religioso e all'emergere delle monarchie nazionali.

IL MESTIERE DELLE ARMI

Don Pedro di Toledo

Don Pedro Alvarez de Toledo y Zúñiga, nacque in Spagna nel 1484, forse il 13 luglio, ad Alba de Tormes, nella provincia di Salamanca, e apparteneva ad una delle più potenti famiglie della nobiltà di Spagna, essendo figlio del secondo duca d'Alba.

Apprezzato per le sue qualità militari già dal re Ferdinando il cattolico, conquistò anche la fiducia di Carlo V d'Asburgo, sino a diventarne uno dei più fidi e ascoltati consiglieri. Nominato alla guida del Vicereame napoletano da Carlo V, è il protagonista centrale della storia di Pozzuoli, di cui volle fortemente la rinascita dopo la disastrosa eruzione del Monte Nuovo.

Arrivò a Napoli il 4 settembre del 1532, preceduto già da grande fama, tanto che, narrano le cronache, venne accolto con manifestazioni di un fasto che non si erano mai viste prima di allora. Napoli era appena uscita dall'epidemia di peste del 1530 e don Pedro avviò subito un risanamento igienico e edilizio della capitale e ordinò che la città si dovesse espandere al di fuori della vecchia cinta muraria che ormai la soffocava.

Nel 1534, avviò la pavimentazione delle strade di Napoli e, su progetto dei regi architetti Ferdinando Manlio e Giovanni Benincasa, fece aprire la grande arteria, che da lui prenderà poi il nome, cioè via Toledo, collegamento stradale con quelli che allora erano gli alloggi delle truppe spagnole, e che oggi sono conosciuti come i quartieri spagnoli.

In vent'anni di governo trasformò Napoli, rendendola una delle maggiori capitali italiane ed europee, ma soprattutto ne fece una delle roccaforti dell'impero spagnolo. La politica di Don Pedro presenta, ovviamente, luci ed ombre. Riuscì ad elevare il prestigio del vicereame quasi ai livelli di un regno autonomo, ma facendosi forte del consenso di Carlo V, lo guidò con mano pesante, facendo sentire tutta l'autorità e la potenza della Spagna su nobili, religiosi e popolo.

Riuscì a domare i baroni, ponendo un freno ai loro soprusi ma finì per condizionare e addirittura a scegliersi gli Eletti del popolo. Cercò di introdurre l'Inquisizione spagnola, ma dovette rinunciare al progetto per la ribellione che ne seguì e, in definitiva, come scrisse Benedetto Croce tenne ad essere non già amato, ma temuto.

Don Pedro sposò Maria Osorio y Pimentel, seconda marchesa di Villafranca del Bierzo, e dal matrimonio nacquero sette figli, tre maschi, Federigo, Garcia e Luigi, e quattro femmine, Isabella, Eleonora, Giovanna, Anna. Tra i figli del viceré la storia ricorda soprattutto Garcia ed Eleonora. Garcia o Garzia, fu uno dei più valorosi ammiragli della flotta spagnola e luogotenente della guerra di Siena. Ereditò il titolo materno diventando il terzo marchese di Villafranca, sposò Vittoria della potente famiglia dei Colonna e nel 1565 venne nominato Viceré di Sicilia dal re Filippo II. Eleonora, sposò Cosimo I de' Medici, diventando duchessa di Toscana, ruolo nel quale dimostrò una spiccata personalità in tutto degna di quella paterna. Maria Osorio morì nel 1539, e nel 1552 Don Pedro sposò in seconde nozze Vincenza Spinelli, figlia del duca di Castrovillari.

Nonostante uno stato di salute precario, Carlo V gli ordinò di recarsi, con le truppe spagnole, a reprimere la rivolta della città di Siena. Nel corso del viaggio, visto il peggiorare dello stato di salute, il Viceré fu trasportato in gravi condizioni a Firenze, dove risiedeva la figlia Eleonora.

Morì nella capitale toscana il 22 febbraio 1553 e fu sepolto in Santa Maria del Fiore. Le spoglie di Don Pedro sono rimaste a Firenze e non sono mai più tornate a Napoli.

Gandolfo Porrino

Nacque a Modena in data imprecisata degli ultimi anni del Quattrocento. Il padre era della famiglia Bertoja, originario di Sassuolo ma lo lasciò orfano molto presto. Porrino venne allevato dalla madre e prese il cognome Porrino, dalla famiglia materna.

Si dedicò fin da giovanissimo agli studi umanistici. Condotto a Roma, passò sotto la protezione del cardinale Alessandro Farnese, nipote di papa Paolo III.

Fu amico di numerosi scrittori e letterati, tra i quali Benedetto Varchi, Annibale Caro, Angelo Colocci, Giovanni della Casa e di Francesco Maria Molza. Da quelli che furono gli sviluppi successivi della sua carriera letteraria, il suo percorso di studi è stato simile a quello del concittadino Francesco Maria Molza, con cui condivise un'amicizia che durò fino alla morte di questi. A Roma Porrino, impiegato nella magnifica corte del cardinale Ippolito Medici il quale amava circondarsi di letterati e artisti.

Godendo della protezione di Molza, seppe conquistare per l'affabilità del suo carattere, oltre che per le sue doti intellettuali, le simpatie della comunità letteraria, e divenne amico dei maggiori protagonisti della vita culturale cittadina, da Caro a Giovanni Della Casa, a Paolo Giovio a Claudio Tolomei.

Su commissione del cardinale e quasi in competizione con Molza, cui era affidato lo stesso incarico, compose vari testi poetici in lode di Giulia Gonzaga e soprattutto il testo suo più famoso, le *Stanze* sul ritratto della medesima dipinto da Sebastiano del Piombo.

Divenne segretario della nobildonna Giulia Gonzaga, contessa di Fondi e moglie di Vespasiano Colonna al cui servizio era anche in occasione del celebre episodio della fuga notturna, quando il pirata Barbarossa sbarcò sulle coste tirreniche. La morte del cardinale Ippolito nell'agosto 1535 mutò la vita tanto di Giulia Gonzaga quanto dello stesso Porrino il quale, nonostante la contessa lo avesse congedato dal suo servizio, egli continuò a seguirla anche a Napoli, dove Giulia si trasferì.

Non condivise le scelte spirituali di Giulia Gonzaga ma a Napoli condivise le pericolose frequentazioni della contessa legata al circolo valdesiano in contatto diretto con l'*Ecclesia Viterbiensis* di Reginald Pole.

Le circostanze della morte di Porrino sono descritte in una lettera che ne ebbe copia da Ireneo Affò. La lettera, del 1° ottobre 1552, data la morte di Porrino a due giorni prima, attribuendola al «troppo star con donne»; il che è ribadito anche dall'anonimo chiosatore di un esemplare delle *Rime* (cfr. Chiodo, 2003): «*Il povero M. Gandolfo Porrino venne dieci dì fa in Roma, et era grasso, bello, rosso, con licentia di starsi questa invernata in Roma, et si è amalato in casa del Cinami, et in meno di otto dì è morto, et hieri fu sepolto con molto dispiacere di chi lo conosceva; et ha fatto testamento lasciando il Puteo suo erede generale: si è confessato et comunicato: dicono che il suo male è proceduto da troppo star con donne*»

Ippolito de' Medici

Figlio illegittimo di Giuliano de' Medici (duca di Nemours), nacque a Urbino nel 1511.

Bello d'aspetto e ricco d'ingegno e di cultura, autore di rime, traduttore in versi sciolti del II libro dell'Eneide, che dedicò all'amica Giulia Gonzaga, irrequieto, ambizioso, circondato di poeti, di eruditi, di artisti, di musici, ma anche *"de bravi et sbricchi"* questo *"diavolo matto"* fu tra le più bizzarre figure della sua epoca.

Divenuto orfano del padre all'età di cinque anni, fu allevato a Roma dallo zio papa Leone X e quando l'altro zio Giuliano de' Medici divenne a sua volta pontefice col nome di Clemente VII, fu inviato giovanissimo insieme al cugino Alessandro de' Medici a Firenze, per governare la città sotto la guida del cardinale Silvio Passerini.

Quando i lanzichenecchi dell'Imperatore Carlo V espugnarono Roma durante il famoso "Sacco", la famiglia scappò dalla città nella cosiddetta "terza cacciata dei Medici". Quando Clemente VII ristabilì la pace con l'Imperatore, ebbe l'aiuto per riprendere la città di Firenze, con l'assedio del 1529-30 dopo il quale fu messo a capo della città il duca Alessandro de' Medici. Ippolito sperava di essere scelto lui al posto dell'odiato cugino Alessandro, suo rivale, mentre fu invece allontanato da Firenze.

Ippolito divenne cardinale nel 1529, legato di Perugia, vicecancelliere della Chiesa (1532). Il papa con questa manovra mirava a reprimere quella che era la sua vera aspirazione: la Signoria di Firenze.

Durante questi anni aveva conosciuto Giulia Gonzaga, contessa di Fondi da poco vedova di Vespasiano Colonna. Ippolito, il cui amore per la donna era palese, divenne ospite di riguardo della corte di Fondi, dove si recava spesso e che egli contribuì ad arricchire con i più grandi artisti del tempo tanto da trasformarla nella "piccola Atene".

Nel 1532 inviato ufficialmente dal papa in Germania per aiutare l'imperatore a combattere i turchi, sembrò poi voler utilizzare le milizie in Italia per scopi politici personali: per questo comportamento venne persino fatto arrestare da Carlo V.

Appassionato più di guerra che di religione, prese parte attiva alla difesa di Vienna dalle incursioni dell'esercito ottomano. Ippolito rientrò a Roma nel febbraio del 1533.

Nella sua residenza romana di Campo Marzio si circondò di poeti, eruditi, artisti, musici, ma anche "de bravi et sbricchi".
Ma l'obiettivo più ambizioso rimaneva per Ippolito quello di togliere all'odiato cugino Alessandro de' Medici il governo di Firenze (quest'ultimo era stato nominato duca della città dall'imperatore nel 1532). Morto Clemente VII, protesse i fuoriusciti di Firenze e venne nominato da questi ultimi "curatore della libertà della patria", designazione che il cardinale sperava producesse l'effetto di sostituirlo al dominio di Alessandro.
Attese a questo disegno sperando nel nuovo papa Paolo III e in Carlo V. Accortosi però che il papa per motivi politici non lo avrebbe assecondato, partì da Roma con l'intenzione di raggiungere l'imperatore, impegnato a Tunisi nella lotta contro i turchi. Ippolito si proponeva di riferire a Carlo V le lamentele dei fuoriusciti fiorentini sul malgoverno del duca Alessandro.
Fermatosi a Itri in attesa dell'imbarco, si ammalò e le sue condizioni si aggravarono dopo aver mangiato una minestra nel convento di San Francesco. Trasportato nel castello di Itri, nonostante i numerosi tentativi di salvarlo, morì appena ventiquattrenne nell'agosto del 1535. Sulla sua fine grava il sospetto di un avvelenamento ordito da Alessandro de' Medici con l'aiuto del siniscalco Giovanni Andrea de' Franceschi originario di Borgo San Sepolcro, che sotto tortura confessò, venne processato a Roma e poi liberato a Firenze.

GIULIA E IPPOLITO

Isabella Colonna

Una vita avventurosa e complessa quella di Isabella, nata a Fondi nel 1513.

Figlia di Vespasiano duca di Traetto e conte di Fondi e di Beatrice Appiano d'Aragona "la dama dimenticata" (della quale la Associazione Pro Loco Fondi Aps ha ricostruito il volto). Crebbe con la matrigna e poi cognata Giulia Gonzaga.

Sposò nel 1531 Luigi "Rodomonte" Gonzaga dal quale ebbe un figlio, Vespasiano, futuro duca di Sabbioneta. Rimasta vedova nel 1532 si trasferì presso i parenti del marito a Sabbioneta ma, a causa di incomprensioni con la famiglia riguardanti l'educazione da dare al figlio, nel 1534 ritornò nelle proprie terre.

Nel 1535 sposò Filippo di Lannoy, principe di Sulmona, dal quale ebbe altri figli, ma dovette accettare la deliberazione imperiale che affidava il piccolo Vespasiano alle cure della zia Giulia Gonzaga. Morì a Napoli nel 1570.

I rapporti tra Isabella e Giulia furono sempre molto tesi, complessi e delicati.

Isabella Colonna, donna bella forte e combattiva, dopo la morte dei genitori rimase in balìa dei giochi di potere della famiglia "adottiva": i Gonzaga.

Alla morte di Vespasiano Colonna oltre che ad una lunghissima battaglia legale, innescò uno dei conflitti tra donne più aspri che la storia ricordi.

Nel testamento Vespasiano lasciava erede la figlia Isabella e la moglie Giulia usufruttuaria, suscitando dissensi tra la matrigna Giulia e la sua figliastra Isabella (le due erano coetanee).

«Si vede chiaramente che mi volle lassar il tutto», sosteneva la giovane vedova.

Mancavano però le prove legali perché tutte le scritture di Fondi erano andate perse dopo il devastante attacco corsaro del 1534; inoltre Isabella era contraria. Difficile quindi anche per noi oggi ricostruire le effettive ragioni delle parti.

Il cardinale Ercole, incaricò Valdés di occuparsi delle cause della Gonzaga, che si protrassero per molti anni, prima a Fondi e poi a Napoli, dove alla fine del 1535 si trasferì Giulia.

All'inizio Valdés era ottimista, ma già nel novembre del 1535 scriveva (in spagnolo):

«È difficile la conclusione di questo accordo... non bastano neanche le lettere dell'Imperatore a piegare questa Isabella che è più rigida di un colonnato di marmo».

Contro la marmorea Colonna fu necessario rivolgersi prima ai giudici e poi all'imperatore Carlo V che definì la causa con Isabella per gli «alimenti» nel 1537; ma Isabella contestò con forza la decisione della quale neanche Giulia fu soddisfatta.

Altre cause erano nel frattempo in corso, per le quali si mosse attivamente Juan de Valdés: quella per la restituzione della dote e dell'antefatto che soltanto nel 1540, finalmente, la Gonzaga si vide assegnati.

Giulia si lamentava inoltre perché i giudici ad Isabella avevano assegnato «le gioie che me donno mio marito et certe altre che ne portai io de casa de mio patre».

Di queste cause parlava tutta Napoli.

Le cause si protrassero ancora per lunghi anni, perché Isabella impugnò le sentenze.

Valdés ad un certo punto, mostrò una vera e propria disperazione di fronte all'odio delle due donne e, nel giugno del 1540, chiese ed ottenne che l'imperatore Carlo V e il viceré Toledo facessero cessare tra loro le passioni e le spese e perché si ponesse fine ad una lite che durava da quattro anni, imponendo alle due parti di accontentarsi di quanto era stato sentenziato.

Ultimo atto di ribellione di Isabella fu quello di volersi emancipare da quell'ambiente soffocante convolando a nuove nozze ma a caro prezzo: la perdita dell'affidamento del figlio Vespasiano.

L'inimicizia tra le due donne si acuì infatti quando la contesa si spostò su questioni familiari e sentimentali. Molto dolorosa fu la causa per l'affidamento di Vespasiano, figlio di Isabella e Luigi "Rodomonte" Gonzaga che venne di fatto sottratto alla madre risposatasi per volere di Carlo V con Filippo di Lannoy, figlio del viceré di Napoli e principe di Sulmona. Fu un matrimonio assai malvisto dalla famiglia Gonzaga. Al matrimonio di Isabella, partecipò l'imperatore ed il fior fiore della nobiltà napoletana, Giulia polemicamente non partecipò.

La questione di Vespasiano, unico erede che poteva assicurare la presenza dei Gonzaga negli Stati colonnesi, fu discussa da Ferrante di fronte all'imperatore ed i risultati furono favorevoli alla casata Gonzaga e quindi Vespasiano venne affidato alla zia Giulia.

Secondo il diritto del tempo la madre che si risposava perdeva la tutela dei figli.

Ma dovette essere per Isabella una circostanza molto dolorosa: Costantino Castriota, che parteggiava per la Colonna contro l'odiata Gonzaga, accusava le costituzioni del Regno di Napoli per il gran dolore ed angoscia provocati ad una madre.

EVA CONTRO EVA. LE ASPRE BATTAGLIE LEGALI TRA GIULIA E ISABELLA

ISABELLA COLONNA, IL RITRATTO RITROVATO

Isabella d'Este

Isabella d'Este, zia di Giulia Gonzaga, fu tra le donne più colte e influenti del rinascimento italiano.
Una vera e propria "primadonna" dalla poliedrica ed esuberante personalità che visse la sua vita avventurosamente e che fin da bambina ricevette una raffinata e completa educazione, pari a quella dei suoi fratelli. Ad ella, più di ogni altra figura femminile, Giulia Gonzaga si ispirò nel coltivare con passione l'amore per la cultura.

Isabella nacque a Ferrara il 17 maggio 1474, primogenita del duca Ercole I d'Este e di Eleonora d'Aragona, figlia del re di Napoli Ferdinando I. A soli 16 anni divenne marchesa di Mantova sposando Francesco II Gonzaga.

Fu grande mecenate. Nella sua corte, che rese tra le più illustri d'Europa, si avvicendarono letterati e artisti più famosi dell'epoca ed i suoi ritratti, presenti oggi nei più importanti musei del mondo, vennero dipinti da Tiziano, Leonardo, Mantegna, Rubens, Perugino, Raffaello.
Nel suo salotto culturale ospitò artisti come Ludovico Ariosto, Baldassare Castiglione, il grande architetto Giulio Romano e i musicisti Bartolomeo Tromboncino e Marchetto Cara.

Collezionista (fu lei la prima in Europa a lanciare la moda di una galleria personale), statista e valida politica, abilissima nelle relazioni diplomatiche, esperta di botanica, di cosmetica, di animali ma anche stilista che lanciò le mode più in voga ed imitate in tutte le corti europee.

Durante la sua esistenza ebbe numerosi e burrascosi scambi epistolari con pontefici e sovrani come documentato nelle oltre duemila lettere, prove delle sue iniziative e del suo acume politico.

Fu nella casa romana di Isabella d'Este che nel 1526 si svolse la riunione formale per siglare l'accordo di matrimonio tra Giulia Gonzaga e Vespasiano Colonna conte di Fondi. Per l'occasione, in nome del padre Ludovico era presente il cardinale Pirro Gonzaga detto "Pirrino".

Nel 1527 ottenne per suo figlio Ercole Gonzaga una nomina a cardinale da papa Clemente VII il quale offrì il cardinalato ai giovani di potenti famiglie in cambio di 40.000 ducati per pagare le ingenti spese della guerra che vedeva le truppe imperiali di Carlo V giungere sotto le mura della città. Il 5 maggio 1527, la mattina precedente il sacco di Roma, la marchesa si era asserragliata nella sua casa con alcune migliaia di nobildonne e nobili romani. Il suo palazzo fu l'unico a non essere assalito dalle truppe che misero a ferro e fuoco la città, molto probabilmente perché a guidare le truppe imperiali c'erano Carlo di Borbone e Ferrante Gonzaga, rispettivamente nipote e figlio di Isabella.

ISABELLA D'ESTE: "LA PRIMA DONNA DEL MONDO"

Juan de Valdés

Tra i personaggi più famosi e influenti con i quali Giulia Gonzaga ebbe contatti diretti, c'è il teologo, scrittore mistico evangelico Juan de Valdés, che passò l'intera sua vita sotto l'occhio dell'Inquisizione: una tradizione che aveva ereditato dalla famiglia di origine.

Il padre era Fernando de Valdés, governatore di Cuenca in Castiglia dal 1482 al 1520. Sua madre era originaria di una famiglia di ebrei convertiti al cristianesimo e lo zio materno, il prete Fernando de Barreda, nel 1491 venne arso al rogo come "relapso", ossia riconvertito all'ebraismo. Anche il padre e il fratello maggiore Andrés furono puniti dall'Inquisizione spagnola e dovettero fare atto di penitenza.
Tra il 1523 e il 1524 ad Escalona, al servizio del marchese di Villena, frequentò il circolo intellettuale che si era riunito attorno al predicatore laico Pedro Ruiz de Alcaraz, che venne arrestato dall'Inquisizione nel 1524 e condannato nel 1529 al carcere perpetuo.

Nel gennaio 1529 Juan de Valdés fece stampare la sua importante opera il *Diálogo de doctrina cristiana* che catturò l'attenzione dell'Inquisizione spagnola.
Per evitare di finire sotto processo Valdés fuggì dalla Spagna grazie all'aiuto del fratello gemello Alfonso, segretario di Stato dell'imperatore del Sacro Romano Impero Carlo V d'Asburgo.

In Italia fu a Roma in Vaticano alla corte di papa Clemente VII come cameriere segreto. Nel 1534 si trasferì a Napoli dove raccolse attorno a sé un vivace circolo culturale che fu all'origine dell'esperienza degli "Spirituali" in Italia.
A riunirsi nel circolo valdesiano erano elementi della colta nobiltà napoletana desiderosi di apprendere con il pensiero di Erasmo da Rotterdam e quello di Lutero e che riteneva necessario un rinnovamento della chiesa.

Il circolo valdesiano di Napoli. Dal 1535 gran parte degli incontri si tennero nel palazzo di proprietà di Giulia Gonzaga, trasferita definitivamente a Napoli.

Valdés aveva conosciuto la contessa nel salotto culturale di Fondi perché il cugino di Giulia, il cardinale Ercole Gonzaga lo aveva mandato per assistere la cugina nelle cause contro la cognata e figliastra Isabella.

Lei divenne poi sua fervida seguace e sostenitrice nello studio e nella divulgazione della fede riformata e la ritroviamo nel libro di Valdés l'"Alfabeto Cristiano", scritto in spagnolo a Napoli nel 1536, sotto forma di dialogo con Giulia Gonzaga.

Il pensiero. Egli credeva che per accedere ai "grandiosi segreti di Dio" non era sufficiente leggere ed interpretare le Sacre Scritture, ma era necessaria l'illuminazione dello spirito (dal cui il nome deriva il movimento degli "alumbrados", ossia illuminati), senza la quale i testi non sono altro che una "fioca candela" del tutto incapace di orientare il cammino del cristiano.

Il fedele deve quindi attraversare un percorso di acquisizione della Verità per giungere alla "rivelazione divina".

Tuttavia i livelli di conoscenza ed esperienza concessi a ciascun credente sono diversi, tutti ugualmente importanti ma che corrispondono a diversi gradi d'illuminazione dello spirito, come rivelazione di Dio.

Questi diversi gradi di verità in cui ciascuno si trova a seconda dell'illuminazione del suo spirito andava in contrapposizione al magistero ufficiale della Chiesa e alle sue reinterpretazioni dottrinali delle Sacre Scritture. Lo spiritualismo valdesiano sminuiva profondamente il ruolo della gerarchia ecclesiastica, nonché i riti esteriori e le devozioni.

L'Inquisizione arriva a Napoli. Nel 1547, il viceré di Napoli, don Pedro di Toledo, tentò l'istituzione di un Tribunale dell'Inquisizione, per intervenire drasticamente contro la formazione di focolai ereticali e per frenare l'atteggiamento ostile della nobiltà napoletana nei suoi confronti.

La conseguenza fu l'insorgere di manifestazioni in cui nobili e popolani si organizzarono per ottenere non solo la revoca del provvedimento, ma anche la rimozione dalla carica di Pedro di

Toledo. Il capo della rivolta popolare, Tommaso Agnello, venne arrestato per aver strappato e buttato a terra l'editto affisso alle porte del Duomo. Il suo arresto scatenò l'insurrezione e fu liberato. La rivolta fece ritardare di sei anni l'entrata in vigore della Inquisizione a Napoli.

La vita del circolo napoletano di Valdés si esaurì con la sua morte, avvenuta a Napoli nel 1541. Giulia Gonzaga conservò gran parte dei manoscritti di Valdes e riuscì a salvarsi dall'Inquisizione grazie alla protezione della sua potente famiglia. Il suo processo non andò oltre la fase istruttoria.
La maggior parte dei discepoli del Valdés fu duramente perseguitata, in particolare sotto i papati di Paolo IV e Pio V.

Appena avuta la notizia della morte della contessa, nel 1566, il papa richiese al viceré di Napoli il sequestro delle sue carte e la loro consegna a Roma. Dopo averle esaminate, Pio V disse che, se le avesse viste mentre la dama era ancora in vita, "*l'avrebbe abrusciata viva*".

A pagare il prezzo più alto fu il suo caro amico e confidente Pietro Carnesecchi condannato a morte il 1° ottobre 1567 proprio a causa della corrispondenza trovata nella stanza di Giulia Gonzaga dopo la sua morte.

Khayr al-Dīn detto Barbarossa

Il corsaro e poi ammiraglio al servizio dell'Impero Ottomano, noto anche come Keireddin, Cair Heddin, o Haradin, poi italianizzato in Ariadeno Barbarossa era di padre albanese e di madre andalusa, nacque nel 1465 nell'isola greca di Mitilene, sotto l'occupazione turca.

Il padre Jacob era un cristiano albanese fatto prigioniero dai Turchi e convertitosi all'islam, prima di entrare nel corpo dei giannizzeri e partecipare alla spedizione turca per la conquista dell'isola di Lesbo. La madre Catalina è una cristiana di origine andalusa, già vedova d'un prete greco ortodosso.

Era una calda notte tra l'8 e il 9 agosto dell'anno 1534 quando con 82 galee i corsari ottomani da lui capeggiati sbarcano sulle coste tirreniche gettando nello scompiglio per quattro lunghi giorni tutto il nostro territorio, saccheggiando e facendo scempio dei luoghi e delle persone che trovarono lungo il cammino.

La leggenda narra che il corsaro Khayr al-Dīn detto Barbarossa arrivò a Fondi perché desideroso di rapire la bella e virtuosa Giulia Gonzaga per farne dono al sultano Solimano I. Giulia sarebbe riuscita a fuggire grazie all'aiuto di un fedele servitore. Nuda in groppa al veloce destriero raggiunse la salvezza.

Ma storia e leggenda spesso si fondono creando una inarrestabile escalation di eventi dall'affascinante epilogo, che non può che accendere la morbosità dell'ascoltatore.

La storia, che non ammette romantiche digressioni, ci racconta che il pluridecorato corsaro nel 1534 si trovava all'altezza del nostro territorio perché stava compiendo una complicata e lunghissima operazione militare, che rientrava in un piano geopolitico ben preciso: saccheggiare tutte le coste meridionali tirreniche, per attivare le flotte imperiali di Carlo V e far mollare la pressione sui porti francesi.

E lo faceva all'interno dell'asse ottomano-francese, che serviva alla Francia per "sopravvivere" all'accerchiamento imperiale.

Nel 1535, per vendicarsi delle devastazioni ottomane, l'imperatore Carlo V armò una flotta di 82 galee e 200 vascelli e la affidò a Andrea Doria che riconquistò Tunisi, ottenendo, dopo un saccheggio di due giorni, 10.000 schiavi.

Colui che provocò tanto dolore e devastazione sulle coste di tutta Europa, ed in particolare nel nostro territorio, venne celebrato come un eroe nazionale in Turchia dove ricevette diversi doni tra cui, nel 1535, un magnifico palazzo ad Istambul (ex Costantinopoli).

Il temibile e pluridecorato ammiraglio Barbarossa morì nel 1546, a causa di un attacco di "febbre gialla" e fu sepolto con tutti gli onori a Beşiktaş, a nord di Istanbul, in un imponente mausoleo costruito dal famoso architetto Sinan.

FONDI 1534: I QUATTRO GIORNI DELL'ARIADENO BARBAROSSA

Luigi Gonzaga detto "Rodomonte"

Luigi Rodomonte Gonzaga nacque a Mantova nell'estate dell'anno 1500, primo di sette figli del conte Ludovico, signore di Sabbioneta, e di Francesca Fieschi, della famiglia ligure dei conti di Lavagna.

Era bello, forte e impavido Luigi Gonzaga il fratello maggiore di Giulia Gonzaga contessa di Fondi. Non fu difficile per la giovane Isabella Colonna innamorarsi di lui quando lo vide. Come anche per il Gonzaga non fu difficile innamorarsi di lei, bella bionda e dalle forme generose.

Fu uomo d'armi ma anche di grande cultura. Da ragazzo dimostrò notevole talento per le armi ma anche per gli studi umanistici scrivendo versi poetici dedicati alle battaglie e agli amori, in particolare agli amici e compagni d'arme e alla sua sposa Isabella Colonna. I suoi versi offrono un inusuale spaccato dall'interno di un ambiente, quale quello militare, del quale sappiamo solamente grazie ai documenti ufficiali cavallereschi.

Nel 1521 si guadagnò presso la corte spagnola la stima del giovane imperatore Carlo V al quale dedicò anche un sonetto. A Madrid si distinse per il coraggio e la prestanza fisica. Si guadagnò poi il soprannome di "Rodomonte", prode e forzuto re inventato da Boiardo nell'Orlando innamorato, dopo aver ucciso un Moro gigantesco durante un combattimento, stritolandolo usando solo le braccia, come nel mito di Ercole.

Secondo altri racconti l'appellativo gli sarebbe venuto invece dall'aver spezzato alcuni ferri di cavallo a mani nude.

Nel 1527 partecipò al Sacco di Roma sotto le insegne imperiali, con mansioni di comando, ma nel dicembre dello stesso anno, alla testa di trenta cavalieri e di una compagnia di archibugieri, liberò papa Clemente VII arresosi alle truppe imperiali di Carlo V, scortandolo travestito da mercante sino ad Orvieto.

Il Pontefice, in segno di gratitudine, lo nominò capitano generale del proprio esercito, concesse la porpora cardinalizia a suo fratello Pirro e avallò allo stesso Luigi il prestigioso matrimonio con Isabella Colonna, figlia di Vespasiano Colonna e figlia adottiva di Giulia sua sorella, della quale era innamorato e con la quale si era già scambiato la promessa.

Isabella gli portò in dote i feudi laziali di Traietto e di Fondi e il 6 dicembre 1531 nacque l'unico erede, Vespasiano, il futuro signore di Sabbioneta.

Era ancora giovane Rodomonte nel 1532 quando venne vigliaccamente colpito a morte da tre archibugiate sparate da una piccola casa lasciando nella disperazione la giovane vedova Isabella ed un figlio di appena un anno. "Muore giovane chi è caro agli dei" così gli antichi greci davano un senso al dolore troppo grande per essere compreso dalla ragione.

LUIGI "RODOMONTE" GONZAGA.
MUORE GIOVANE CHI È CARO AGLI DEI

IL MESTIERE DELLE ARMI

Luigi Tansillo

Nacque a Venosa nel 1510 e morì a Teano nel 1568. È considerato uno dei più eminenti poeti del petrarchismo meridionale. Torquato Tasso lo definì uno dei migliori poeti italiani del Cinquecento.

Fu per lunghi anni al servizio del viceré di Napoli don Pedro di Toledo e col figlio di questi combatté contro i Turchi e i pirati. Divenne capitano di giustizia a Napoli e Gaeta.

Tra le sue opere lasciò un'egloga drammatica dal titolo *i due pellegrini* (1527, rifatta e rappresentata nel 1538) e poemetti tutti variamente notevoli: *il vendemmiatore* (1532), in ottave, in cui rivive con grande libertà di linguaggio l'allegria chiassosa della vendemmia; *le Stanze a Bernardino Martirano* (1540), in cui descrive la sua dura vita di mare; *la Clorida* (1547), pure in ottave, modellata sull'Aretusa di B. Martirano; *le lagrime di San Pietro* (iniziato nel 1539, ripreso nel 1559 e rimasto incompiuto); *i poemetti didascalici in terzine la balia* (1552) e *il podere* (1560), che è considerato il suo capolavoro, in cui espone a un amico le norme per la scelta e la coltivazione d'una villa, in versi pieni di schietto amore per la casa e la famiglia. I Capitoli trattano delle sue esperienze di vita con discorsiva amabilità.

Ma la cosa migliore di Tansillo sono forse le liriche (raccolte nel Canzoniere, post., 1711), che ne fanno uno dei più eminenti poeti del petrarchismo meridionale; in esse cantò l'amore per una donna dell'alta nobiltà, Maria d'Aragona d'Ávalos, riuscendo spesso a infondere un tono personale a vecchi motivi d'amore, di dolore, d'idillica contemplazione della natura. La Città di Teano dove egli, pur conservando il suo forte legame con Nola (che ne conserva la memoria come di un suo figlio), visse e morì gli ha intitolato la Biblioteca Comunale istituita il 9 ottobre 1973.

IL POETA DI CORTE LUIGI TANSILLO E I VERSETTI SATIRICI SU GIULIA GONZAGA

Pietro Carnesecchi

Nacque a Firenze il 24 dicembre 1508 da Andrea di Paolo di Simone Carnesecchi e da Ginevra Tani.

Iniziò la sua carriera ecclesiastica sotto la protezione della famiglia dei Medici ed in particolare di Giulio dei Medici, papa Clemente VII. Ma la morte di Clemente VII gli tolse tutto il potere. Iniziò a maturare idee ed a coltivare amicizie che gli impedirono di rimpiangere il passato e che lo spinsero su una nuova strada, quella di voler modificare dall'interno il sistema ecclesiastico dei suoi tempi.

Conobbe Giulia Gonzaga nel 1535 presso la Corte di Fondi. Lei aveva 25 anni, lui 27.

Tra i due s'instaurò subito una profonda amicizia e mantennero una fitta corrispondenza epistolare nel corso degli anni.

Nel 1539 si recò a Napoli dove incontrò nuovamente Giulia Gonzaga, e vi rimase per circa un anno unendosi al circolo di Juan de Valdés. Vi ritornerà nel 1561.

Giulia Gonzaga finì nel mirino dell'inquisizione nel 1553 ma grazie al suo rango familiare eviterà la formale condanna.

Carnesecchi, processato più volte, riuscirà sempre a cavarsela in virtu' dei suoi appoggi e della sua abile dialettica.

Ma la morte di Giulia Gonzaga del 16 aprile del 1566, che fu per lei salvifica, si rivelerà fatale per lui perché metterà nelle mani dell'inquisizione le lettere che i due si erano scambiati. Grazie a quell'epistolario i giudici avranno in mano le prove del suo stato di eretico. Torturato più volte non coinvolse gli amici e morì con grandissima dignità. 1567 il giorno 1° ottobre del 1567.

Un uomo nato per stare di fronte ai re. Morì da martire o da eretico?

Al momento di lasciare il carcere Carnesecchi non pronunciò parole di circostanza, né lasciò ricordi personali; soltanto quando fu sul punto di muoversi verso il luogo dell'esecuzione, scorgendo che la minaccia di pioggia era cessata per il tempo che gli restava da vivere si tolse il ferraiolo per donarlo ai confortatori.

Apparve allora elegantissimo, come se si recasse a una gran festa con indosso un vestito tutto attillato con la camicia bianca, con un par di guanti nuovi e una pezzuola bianca in mano. Fra i presenti si rinnovò l'ammirazione che al cronista dell'autodafé della Minerva aveva fatto esclamare: *"pulcherrimus erat aspectu et magnum nobilitatis signum ostendebat"* (*era molto bello nell'aspetto e mostrava un grande segno di nobiltà*).

Il tragico corteo si mosse alle sei del mattino. Agli scarsi spettatori Carnesecchi apparve straordinariamente sereno e sicuro di sé; salì sul palco con atteggiamento di alto decoro e di distacco di quanto accadeva intorno a lui; nel condursi non mostrò viltà non per altro se non per *ostentatione* del *mundo* e perché' andasse fuori voce che lui fosse morto con molta *costantia* per la nuova religione.

Pietro Carnesecchi è commemorato, dagli Evangelici, come martire il giorno 2 di ottobre.

PIETRO CARNESECCHI "UN UOMO NATO PER STARE A FRONTE AI RE" MORI' DA MARTIRE O DA ERETICO?

GIULIA E PIETRO: AMICIZIA E/O AMORE

Pirro Gonzaga

Pirro Gonzaga, fratello di Giulia, era il figlio secondogenito di Ludovico Gonzaga e di Francesca Fieschi.

Nacque a Bozzolo intorno al 1501 ed era affettuosamente chiamato "Pirrino" per distinguerlo dallo zio che portava lo stesso nome ma anche per la sua bassa statura. Venne destinato alla carriera ecclesiastica fin dall'infanzia, come era in uso nelle case nobiliari dell'epoca, e nel 1526 era presente a Roma nella casa di Isabella d'Este "in nome del padre" per firmare l'accordo matrimoniale tra la sorella Giulia Gonzaga e Vespasiano Colonna conte di Fondi.

Fu molto vicino al papa Clemente VII, accanto al quale restò anche in occasione del sacco di Roma del maggio del 1527 da parte delle truppe imperiali di Carlo V.

Nel 1527 fu nominato vescovo di Modena e il 21 novembre dello stesso anno il papa, in segno di riconoscenza nei confronti del fratello Luigi Rodomonte, suo salvatore durante il Sacco di Roma, lo creò cardinale diacono di Sant'Agata dei Goti a Roma. Ammalatosi gravemente morì a Sabbioneta il 28 gennaio del 1529, aveva 25 anni. Il suo corpo riposa nella chiesa della Beata Vergine Incoronata a Sabbioneta.

PIRRO GONZAGA DETTO "PIRRINO"

Sebastiano del Piombo

Nacque a Venezia da una famiglia agiata nel 1485 con il nome di Sebastiano Luciani. Sin da giovane mostrò grande interesse per l'arte, soprattutto per la musica. Era in grado di suonare vari strumenti, ma il suo preferito era il liuto.

Si appassionò anche alla pittura e nelle sue opere sono evidenti le influenze avute durante la sua formazione sotto Giovanni Bellini e Giorgione.

Nel 1511 si recò a Roma, dove il banchiere senese Agostino Chigi gli commissionò le decorazioni per la sua villa Farnesina, quindi si stabilì definitivamente a Roma, dove si trovò coinvolto in quella che fu una delle rivalità più celebri della storia dell'arte, tra i due più grandi geni del Rinascimento chiamati entrambi a lavorare a Roma per il pontefice: Michelangelo e Raffaello.

Sicuramente Sebastiano stimava entrambi i maestri, ricevendo notevoli influenze da tutti e due. Ebbe il privilegio di lavorare al loro fianco e di diventarne amico. Nel 1515 circa Sebastiano passò sotto l'influenza di Michelangelo Buonarroti con il quale iniziò una collaborazione artistica. Basandosi proprio su disegni e cartoni di Michelangelo realizzò nel 1517 quella che sarà la sua opera migliore: la "Pietà " suscitando grande stima in Michelangelo stesso.

Nel 1531 Papa Clemente VII gli conferì il posto, ben remunerato, di custode del sigillo papale, chiamato appunto "piombino", da qui il suo soprannome "del Piombo", carica per la quale dovette farsi frate, scrivendo all'amico Michelangelo "Io sono il più bel fratazo di Roma".

Entrò in seguito in un forte disaccordo con Michelangelo durante la realizzazione del Giudizio Universale nella cappella Sistina. Sebastiano incoraggiava il Papa a insistere con il Buonarroti affinché realizzasse questa opera ad olio. Michelangelo rispose a Sua Santità che l'olio era adatto solo per le donne e per i pigri come Sebastiano. Da allora si inasprì il rapporto fra i due pittori e questa freddezza durò fino alla morte.

Dal 1520-1530, dopo la morte di Raffaello nel 1520, Sebastiano divenne il più noto e ricercato pittore ritrattista a Roma.

Si distinse subito per la bravura e nel mese di agosto dell'anno 1532 venne mandato a Fondi per ritrarre la bellissima Giulia

Gonzaga su commissione del cardinale Ippolito de Medici, follemente innamorato della contessa.

"Credo che domani partirò da Roma per andare fino a Fondi per ritrarre una signora" scrisse l'artista in una delle sue lettere prima di mettersi in viaggio.

Il ritratto che egli realizzò resta uno dei più grandi misteri dell'arte.

C'è chi sostiene che la contessa rifiutò di farsi ritrarre e che il quadro, realizzato in circa 15 giorni, rappresenti non Giulia ma "l'amata ideale", secondo la moda dell'epoca. C'è poi chi dice invece che Sebastiano del Piombo rimase a Fondi per circa un mese e che il suo ritratto sia l'unico che rappresenti la vera contessa Giulia Gonzaga, l'unico per il quale ella accettò di posare dal vivo. Tuttavia, su quale sia il ritratto e di dove sia finito dopo la morte del cardinale Ippolito de Medici aleggia ancora il mistero.

Sebastiano si spense nel 1547 e nel testamento decise che al posto di un funerale la somma corrispondente sarebbe stata destinata ad una povera fanciulla. Fu sepolto a Roma nella chiesa di Santa Maria del Popolo.

SEBASTIANO DEL PIOMBO

GIULIA GONZAGA: LA CONTROVERSA QUESTIONE DEL RITRATTO PERDUTO. L'UNICO REALIZZATO DAL VIVO

Vespasiano Colonna

Tutti conoscono Vespasiano Colonna come il conte di Fondi, zoppo e monco, che sposò la tredicenne contessa Giulia Gonzaga, di 33 anni più giovane di lui, per lasciarla poi vedova a soli due anni dal matrimonio. Ma Vespasiano fu molto di più.
Oltre ad appartenere ad una delle più importanti famiglie nobiliari dell'epoca, si distinse nel "mestiere delle armi". La sua invalidità fu quindi conseguenza delle tante battaglie combattute come valente condottiero imperiale.
Nacque a Paliano, si presume tra il 1489 e il 1490 e sulle orme del padre, il celebre condottiero Prospero duca di Traetto e conte di Fondi dal 1504, abbracciò la carriera militare. Nel 1498 sposò Beatrice Appiano d'Aragona figlia di Jacopo IV Appiano, signore di Piombino e di Vittoria Todeschini Piccolomini d'Aragona e da lei ebbe una figlia, Isabella.
Nell'estate del 1525 la moglie Beatrice morì nel palazzo di Fondi "rapita da fiero morbo" (forse a causa della malaria) e nel luglio 1526 Vespasiano passò a seconde nozze con Giulia Gonzaga.
Molte le imprese nelle quali si distinse: fu tra i protagonisti dell'aspra battaglia tra Papato e Impero che culminò con il "sacco di Roma" del 1527, al servizio dell'imperatore Carlo V d'Asburgo, che aveva riunito le corone di Spagna e Germania contro le ambizioni dei francesi in Italia.
Nel 1526 papa Clemente VII, contro gli interessi imperiali, aveva istituito la "Lega Santa" (Papato, Francia, Milano e Venezia). La tensione fra i Colonnesi e il papa arrivò al massimo e Vespasiano occupò Anagni. A Roma il 22 agosto venne sottoscritto un accordo in base al quale i Colonnesi si impegnavano a restituire Anagni, a ritirare le loro forze nel Regno e a non prendere le armi contro il papa; il pontefice a sua volta perdonava ai Colonna le inobbedienze e si teneva garante dei loro beni.
Non mantenendo i patti firmati, Vespasiano e i suoi fedelissimi assaltarono il palazzo vaticano, al grido di "Imperio, Colonna e libertà" si dettero al saccheggio, devastando anche i palazzi vaticani e la basilica di S. Pietro, costringendo il pontefice a rifugiarsi per sette mesi in Castel Sant'Angelo. Nota è la devastazione che l'esercito dei lanzichenecchi portò in città.

Il papa si rammaricò amaramente del tradimento di Vespasiano, che subì la scomunica insieme ai suoi parenti.

I Colonna si erano macchiati nei confronti di Clemente VII anche di un'altra colpa: nel gennaio, infatti, si era scoperta a Roma una congiura, in base alla quale Napoleone Orsini avrebbe dovuto uccidere il papa e introdurre nella città truppe imperiali guidate da Ascanio Colonna. Una delle ricompense da accordare all'Orsini era la mano della figlia di Vespasiano, Isabella.

Nel 1527 i ministri di Carlo V negoziarono la nuova riconciliazione dei Colonna col papa. Dopo aver ottenuto il perdono di Clemente VII nel marzo 1527, Vespasiano rientrò a Roma, insieme al cardinal Pompeo, pochi giorni dopo l'inizio del sacco e in seguito partecipò alle trattative per la capitolazione del pontefice che scese a patti con l'Imperatore.

Ammalatosi, mentre la sua compagnia rimaneva a presidio del Regno, Vespasiano morì il 13 marzo 1528 a Paliano. Il giorno prima aveva fatto testamento disponendo che la figlia Isabella sposasse il nipote del papa, Ippolito de' Medici, con 30.000 ducati di dote; se questo matrimonio non avesse potuto aver luogo, la moglie avrebbe dovuto accasare la figliastra ad uno dei propri fratelli, con una dote ridimensionata. I possedimenti rimanevano alla moglie, finché ella fosse rimasta nello stato vedovile e dovevano passare alla figlia qualora la Gonzaga si fosse risposata

Vespasiano Gonzaga Colonna

Nacque a Fondi (LT) il 6 dicembre 1531. Figlio di Isabella Colonna e Luigi "*Rodomonte*" Gonzaga.

Rimase orfano di padre all'età di un anno e dopo lunghe battaglie legali venne affidato alle cure della zia paterna Giulia Gonzaga Colonna, con la quale trascorse l'infanzia tra Napoli e Roma.

Ancora adolescente fu invitato in Spagna come paggio d'onore del principe Filippo, futuro re.

Vespasiano a dieci anni poteva godere di diritti sul feudo di Sabbioneta, Marchesato di Ostiano, Contea di Rodigo, Signorie di Bozzolo, Commessaggio e Rivarolo Mantovano, nel nord Italia; e nei possedimenti dell'Italia meridionale, ossia sul Ducato di Trajetto, Contea di Fondi, Baronia di Anglona, e Signorie di Turino e Caramanico.

Nel 1549 sposò la nobildonna siciliana Diana Cardona, che morì in circostanze misteriose nel 1559, forse costretta ad assumere veleno in quanto dal marito accusata di adulterio. Insieme a lei morì il suo presunto amante, Giovanni Annibale Raineri. Il bollettino ufficiale di morte parlava tuttavia di un colpo apoplettico. Fu sepolta nella chiesa di San Rocco in Sabbioneta e colà dimenticata.

Vespasiano rientrò nella sua cittadina nel 1556, allora un borgo rurale. Seguendo le orme del nonno Ludovico diede inizio al progetto di modernizzazione tanto urbanistica, quanto sociale e politica della città. Progettata dallo stesso Vespasiano, che si avvalse della personale esperienza di architetto militare, Sabbioneta fu costruita in trentacinque anni seguendo i principi umanistici di razionalità e coerenza scientifica, intrisa di ideali filosofici e valori etici.

Vespasiano si risposò con Anna d'Aragona, cugina di Filippo II re di Spagna, dalla quale ebbe 3 figli: nel gennaio 1565 nacquero le due gemelle Isabella e Giulia, che morì subito, e nel dicembre dello stesso anno, il maschio Luys. Quest'ultimo morì non ancora quindicenne lasciando il padre senza eredi maschi.

La seconda moglie di Vespasiano si spense per malattia nella fortezza di Rivarolo Fuori, nell'agosto del 1567, così Vespasiano si sposò una terza volta con Margherita Gonzaga, figlia di Cesare e Camilla Borromeo, signori di Guastalla, da cui non ebbe figli.

Nel 1577 l'imperatore Rodolfo II aveva innalzando il suo feudo alla dignità di ducato, conferendogli il privilegio di uno stemma personale, emancipandolo in tal modo dai cugini di Mantova.

Vespasiano militò al servizio della casa reale spagnola, cui fu sempre fedelissimo; tant'è che nel 1571 fu elevato dal re al prestigiosissimo titolo di Viceré di Valencia e Navarra. Filippo II per i suoi tanti meriti, lo insignì del collare dell'ordine cavalleresco del Toson d'Oro nel settembre 1585.

Affetto da sifilide, nel 1578 si sottopose a un delicato intervento di trapanazione del cranio, eseguito dal cerusico di corte Antonio Amici, per alleviare le forti emicranie che da anni lo perseguitavano. L'operazione gli consentì di vivere ancora 13 anni; morì, infatti, il 27 febbraio del 1591, subito dopo aver fatto innalzare a futura memoria, un'ultima stupenda testimonianza artistica che narra del mito di una città: il Teatro all'antica.

In sessant'anni riuscì ad armonizzare le attività di condottiero e di diplomatico, di architetto urbanista e militare, di legislatore e di statista, di dottissimo letterato e di appassionato mecenate. Ciò che ancora oggi emerge è la *Weltanschauung d*ella "città ideale", di cui fu illuminato ispiratore e artefice.

La sua tomba, collocata come da testamento presso la chiesa dell'Incoronata, venne aperta il 4 luglio 1988 durante i lavori di restauro della chiesa. In essa erano conservati i suoi resti ossei insieme a quelli di Anna, Luys, Giulia e uno scheletro senza testa di incerta attribuzione. Nel fango venne anche ritrovato il pendente del Toson d'Oro, che il duca aveva voluto con sé nell'ultimo viaggio.

La figlia Isabella, nominata erede universale, andò in sposa a Luigi Carafa, dei principi di Stigliano. Dopo la loro morte, nel 1638 la fortezza di Sabbioneta passò alla nipote Anna Carafa, che la trasmise al figlio Nicola de Guzman, ultimo discendente di Vespasiano, il quale la resse fino al 1684.

SABBIONETA, LA CITTA' IDEALE
COSTRUITA DA VESPASIANO GONZAGA COLONNA
SU MODELLO DI FONDI

ISABELLA GONZAGA, FIGLIA DI VESPASIANO

Vittoria Colonna

Vittoria, marchesa di Pescara, nacque a Marino nel 1492. Apparteneva alla nobile famiglia romana dei Colonna in quanto figlia di Fabrizio principe di Paliano e di Agnese di Montefeltro, figlia del duca di Urbino, Federico.

Aveva appena tre anni quando fu promessa in matrimonio a Ferrante d'Avalos che aveva ereditato dal padre il titolo di marchese di Pescara, condottiero rinomato. Le nozze furono celebrate con fasto a Ischia, il 27 dicembre 1509.

Durante la battaglia di Pavia del 1525, Ferrante fu gravemente ferito e morì poco dopo. Profondamente colpita dalla perdita del consorte, Vittoria decise di onorarne la memoria con la poesia nella quale si fa sempre più evidente il misticismo: dopo la morte del marito, infatti, si accentuarono gli interessi spirituali e religiosi di Vittoria che aveva annodato relazioni con persone le cui idee avrebbero influenzato il resto della sua vita.

Negli anni Trenta a Roma Vittoria incontrò Michelangelo Buonarroti con il quale strinse una forte amicizia che durò tutta la vita. Fu in relazione anche con Pietro Bembo, Baldassarre Castiglione, con il vescovo Giberti, colto letterato umanista e diplomatico e poi solerte vescovo di Verona dedito alla riforma dei costumi e alla diffusione di un più intimo e sentito senso religioso.

Quando il fratello, Ascanio I Colonna, entrò in conflitto con papa Clemente VII, si trasferì a Marino e poi di nuovo a Ischia e questo le evitò di vivere in prima persona la traumatica esperienza del sacco di Roma del 1527.

Nel convento delle Clarisse allora annesso alla Chiesa di San Silvestro a Roms strinse amicizia con varie personalità ecclesiastiche che alimentavano una corrente di riforma all'interno della Chiesa cattolica, tra cui, soprattutto, Juan de Valdés e Bernardino Ochino.

La poetessa fu in rapporto epistolare con Giulia Gonzaga alla quale scrisse ringraziandola per aver inviato a Viterbo una copia del commentario di Valdes alle epistole paoline. A Viterbo dimorò per circa tre anni alloggiando nel convento di Santa Caterina dove fu in contatto con il circolo valdesiano del cardinale legato Reginald Pole frequentato anche da Pietro

Carnesecchi, dal cardinale Gasparo Contarini e da Marcantonio Flaminio.

Nel 1544 lasciò Viterbo per Roma, dove prese alloggio presso le monache benedettine di Sant'Anna. Negli ultimi anni di vita riprese con più intensità il rapporto con il Buonarroti con il quale si intratteneva in lunghe conversazioni, come testimonia il pittore Francisco de Hollanda, vissuto a Roma dal '39 al '48 con l'incarico di far relazione a Carlo V sugli avvenimenti romani. Nel '46 Vittoria scrive a Michelangelo «cognoscerete che de' miei quasi già morti scritti ringrazio solamente il Signore...».

Morì a Roma nel 25 febbraio 1547 salvandosi da una probabile inchiesta dell'Inquisizione che perseguitò molti dei suoi amici.

GIULIA E VITTORIA

Fonti e Bibliografia

Affò Ireneo, *Memorie di tre celebri principesse della famiglia Gonzaga*, Parma 1787

Affò Ireneo, *Vita di Luigi Gonzaga detto Rodomonte, principe del Sacro Romano Impero*. Parma, Presso Filippo Carmignani, 1780

Affò Ireneo, Vita di Vespasiano Gonzaga, duca di Sabbioneta, e Trajetto, marchese di Ostiano, conte di Rodigo, Fondi..., Parma, Presso Filippo Carmignani, 1780

Agostini Antonio, *Pietro Carnesecchi e il movimento Valdesiano*, Ed. Nabu Press 2012

Alicarnasseo Filonico (Costantino Castriota), *Vita di don Alfonso d'Avalos de Aquino Marchese del Vasto*, ms. del XVI sec., Ms. X, B. 67, Biblioteca Nazionale Napoli

Amante Bruto, *Giulia Gonzaga contessa di Fondi e il movimento religioso femminile nel secolo XVI*, Bologna 1896

Ariosto Ludovico, *Orlando Furioso*

Bradford Ernle, *L'ammiraglio del sultano: vita e imprese del Corsaro Barbarossa*, Mursia, Milano, 1972

Carretto Giacomo E., *Falce di Luna, Islam, Roma, Alto Lazio ed altre cose ancora*, Ed. Società Tarquiniense d'Arte e Storia, Tarquinia 2004

Castriota Costantino, *Vita di donna Giulia Gonzaga,* Madrid

Colonna Vittoria, *Carteggio*, (a cura di E. Ferrero e G. Müller), Torino, Loescher 1892

Conte-Colino Giovanni, *Storia di Fondi: cenni dei paesi formanti il suo ex stato e delle città limitrofe Elena, Gaeta, Formia e Terracina, Napoli: R. tipografia F. Giannini e Figli, 1901*

Croce Benedetto, *I ritratti di Giulia Gonzaga,* in ANEDDOTI DI VARIA LETTERATURA, Bari, G. Laterza e F., 1953, v. I

De Valdés J., *Alfabeto Cristiano. Dialogo con Giulia Gonzaga*, introduzione, note e appendice di Benedetto Croce, Bari, 1938

di Cicco Nastassja, *Ippolito de' Medici una storia da riscrivere,* Ed. Grafiche PD - Fondi 2023

Enciclopedia Treccani *Dizionario biografico degli italiani* (www.treccani.it)

Estratto del processo di Pietro Carnesecchi a cura di Giacomo Manzoni in Miscellanea di storia italiana

Forte Mario, *Fondi nei tempi,* Casamari (FR), 1972 - Fondi 1998

Forte Mario, *Statuti medievali e rinascimentali della città di Fondi*, Fondi 1992

Gonzaga Luigi Rodomonte, *Il mestiere delle armi*, a cura di Daniele Lucchini, Finisterrae 2016

Molza Francesco Maria, STANZE SUL RITRATTO DI GIULIA GONZAGA, in POESIE VOLGARI, Bergamo, P. Lancellotti 1747

Paladino G., *Giulia Gonzaga e il movimento valdesiano,* Napoli, Tip. Sangiovanni, 1909

Poggi G., Barocchi P., Ristori R., *Il carteggio di Michelangelo, edizione postuma, Firenze, Sansoni-SPES, 1965-1983*

Porrino G., *Stanze per Giulia Gonzaga*

Rambaldi Peyronel Susanna, *Io ho voluto scrivere tutto quel che mi passa per la mente, lettere di Giulia Gonzaga,* Università degli Studi di Milano, 2018

Rambaldi Peyronel Susanna, *Una gentildonna irrequieta, Giulia Gonzaga fra reti familiari e relazioni eterodosse,* Ed. Viella (2012)

Ramsden E. H., *Il perduto ritratto di una dama* (trad. di Mario Talano), Fondi 2004

Rebecchini Guido, *Un altro Lorenzo. Il Cardinale Ippolito de' Medici tra Firenze e Roma (1511–1535),* Ed. Marsilio 2010

Reumont A., *Vittoria Colonna,* (traduzione G. Muller, E. Ferrero), Torino, Loescher 1892

Sarzi Luca Amadè, *Il duca di Sabbioneta,* Sugar Co 1990

Summonte Giovanni Antonio, *Historia della città e regno di Napoli,* Vol. IV, Napoli 1675

Tansillo Luigi *Capitoli giocosi e satirici editi ed inediti con note di Scipione Volpicella* Napoli Libreria di Dura 1870

Vasari G., *Le vite de' più eccellenti pittori a cura di Milanesi G.,* Firenze 1878-1883

Indice dei nomi

Personaggi principali:

Appiano d'Aragona Beatrice – contessa. Prima moglie di Vespasiano Colonna

Ariosto Ludovico – poeta, commediografo, funzionario e diplomatico italiano

Carafa Giovanni Antonio – conte e condottiero

Carnesecchi Pietro – umanista e politico italiano amico e confidente di Giulia Gonzaga

Cinzia – la serva di colore di Giulia

Colonna Isabella – contessa. Figlia di Vespasiano. Figliastra e cognata di Giulia Gonzaga (giovane)

Colonna Isabella – contessa Figlia di Vespasiano. Figliastra e cognata di Giulia Gonzaga (adulta)

Colonna Vespasiano – conte. Condottiero, conte di Fondi e duca di Traetto

Colonna Vittoria – marchesa e poetessa italiana amica di Giulia Gonzaga

d'Aragona Antonio – nobile cognato del marchese del Vasto Alfonso d'Avalos

d'Aragona Maria – Marchesa. moglie del marchese del Vasto Alfonso d'Avalos

d'Asburgo Carlo V – Imperatore

d'Avalos Alfonso – marchese del Vasto

d'Avalos Costanza – marchesa e sorella di Alfonso d'Avalos

d'Este Isabella – marchesa di Mantova

de' Medici Ippolito - condottiero, cardinale, letterato e caro amico di Giulia Gonzaga

de Valdés Juan – teologo, scrittore e riformatore spagnolo

del Piombo fra Sebastiano – pittore

di Toledo don Pedro – nobile viceré di Napoli

di Toledo Eleonora – nobile figlia del viceré di Napoli don Pedro di Toledo

Fieschi Francesca – contessa. Madre di Giulia Gonzaga

Flaminio Marcantonio - Scrittore di poesie latine

Giovio Paolo – vescovo, storico, medico, biografo e museologo italiano

Gonzaga Giulia – contessa di Fondi (ragazzina)

Gonzaga Giulia – contessa di Fondi (adulta)

Gonzaga Giulia – contessa di Fondi (matura)

Gonzaga Colonna Vespasiano – conte bambino. Figlio di Isabella Colonna e Rodomonte. Nipote di Giulia

Gonzaga Ludovico – conte. Padre di Giulia Gonzaga

Gonzaga Luigi "Rodomonte" – conte. Fratello di Giulia Gonzaga

Gonzaga Pirro detto "Pirrino" – cardinale e fratello di Giulia Gonzaga

Khayr al-Dīn detto Ariadeno Barbarossa – corsaro e ammiraglio ottomano

Maffei Nicola – conte e ambasciatore del duca di Mantova

Molza Francesco Maria – umanista e poeta italiano

Ochino fra Bernardino – frate cappuccino, teologo, predicatore e riformatore

Papa Pio V – il papa Michele Ghisleri fu teologo e inquisitore domenicano

Pitrillo – il bambino popolano che le tenne compagnia negli ultimi anni a Napoli

Porrino Gandolfo – letterato e segretario alla corte di Giulia Gonzaga

Sanseverino Ferrante – principe di Salerno

Sanseverino Piarantonio – principe di Bisignano

Tansillo Luigi – menestrello di corte a Napoli

Tasso Bernardo – poeta italiano, padre di Torquato

Personaggi secondari:

Ambasciatore di Vespasiano Colonna

Araldo alla corte di Carlo V a Napoli

Araldo alla corte di Giulia Gonzaga

Balia di Giulia Gonzaga popolana

Cerusico di Ippolito de Medici a Itri

Corsaro ottomano 1

Corsaro ottomano 2

Dama di compagnia della contessa Beatrice Appiano d'Aragona

Dama1 e dama 2 al matrimonio di Giulia e Vespasiano (2x nobildonne)

Due testimoni al matrimonio di Giulia e Vespasiano (2x nobiluomini)

Nobile 1 e nobile 2 al matrimonio di Giulia e Vespasiano (2x nobiluomini)

Notaio di Vespasiano Colonna

Notaio testamentario di Giulia Gonzaga

Sacerdote celebrante il matrimonio di Giulia e Vespasiano

Segretario del papa Pio V

Servitore che aiuta Giulia a fuggire dall'attacco dei corsari del Barbarossa

Servitore presso il castello di Itri

Sei eletti di Napoli (sei nobili e uno appartenente al popolo, vestiti di giallo e cremisi, i colori dello stemma della città di Napoli)

L'autrice:

Stefania Maria Giulia Di Benedetto è nata a Fondi in provincia di Latina.
Dopo la laurea in giurisprudenza presso l'Università degli studi "la Sapienza" di Roma, consegue l'abilitazione all'esercizio della libera professione di avvocato.
Appassionata di scrittura e comunicazione fin dall'infanzia è ideatrice della pagina Facebook "*Misteri Pontini Fin sui Monti Aurunci, Ausoni e Lepini*" (@misteripontini) seguita con interesse da un gran numero di utenti. Un progetto dettato dalla passione per la storia e le tradizioni del territorio e nato con lo scopo di raccontarne anche una parte più segreta.
La passione per le lunghe passeggiate all'aria aperta e per l'escursionismo l'ha portata a camminare in lungo e in largo alla scoperta di leggende e racconti del passato e di tradizioni che affondano le proprie radici in tempi remoti e oscuri tra sacro e profano.
Dal 2022 è segretario e direttrice dell'Associazione Pro Loco Fondi Aps e collabora attivamente alla promozione e alla valorizzazione del patrimonio storico, artistico, culturale e architettonico del territorio, valorizzandone i tesori e le eccellenze, attraverso l'organizzazione di convegni e passeggiate d'interesse storico-culturale, paesaggistico e naturalistico, curando articoli e comunicati per canali social, blog e riviste cartacee edite dall'associazione.
Ricercatrice di storia e tradizioni, porta avanti un progetto di mappatura e decifratura della simbologia sacra presente nel territorio di Fondi e altre località. È coautrice del libro "*I Fantasmi di Fondi*" (2021).

© Stefania Maria Giulia Di Benedetto
Associazione Pro Loco Fondi Aps
www.prolocofondi.it – info@prolocofondi.it

Prima edizione: Ottobre 2023

Codice ISBN: 9798861791151
Casa editrice: Independently published

Si ringrazia la:
Banca di Credito Cooperativo del Circeo e Privernate
FONDI – SABAUDIA - BORGO HERMADA (Terracina)
TERRACINA – LATINA – SEZZE – PRIVERNO

Printed in Great Britain
by Amazon